장미의 이름으로

장미의 이름으로

이명순 수필집

문학신문 출판국

여는 글

첫 수필집을 내는 제 심장은 두근거립니다. 제 오랜 꿈이 영글어 가고 있기 때문입니다. 저는 어려서부터 책 읽기를 좋아했습니다. 유년기에는 변변한 책이 없어 선배의 교과서를 미리 읽으며 갈증을 풀었습니다. 초등학교 오 학년이 되면서 동화책을 만나 책 읽는 재미에 푹 빠져 살면서 저는 커서 동화작가가 되어야겠다고 생각했습니다. 바쁘게 지내다 보니 동화작가의 꿈은 멀어져 갔지만, 항상 마음속에서는 무언가를 쓰고 싶은 생각이 꿈틀거렸습니다. 불혹의 나이를 넘기며 조금씩 글쓰기를 하게 되었고 그동안 써 두었던 글들을 모아 이번에 책을 내게 되었습니다.

저는 자연과 가까이에 살았던 어릴 때를 떠올리면 힘이 솟아납니다. 지금도 나무나 풀, 작은 새들을 보면 저절로 미소가 지어집니다. 그래서 자연에서 보고 느꼈던 이야기 보따리를 풀어놓지 않을 수 없었습니다. 제 글에는 어떤 논제에 대한 참신한 글보다 자연과 관련된 글이 많습니다. 오래전에 쓴 글과 요즘 쓴 글을 함께 모아 놓아 시대에 뒤떨어진 글도 있지만, 제가 쓴 글이기에 소중하게 생각되어 부끄럽지만 용기를 내었습니다.

우리말을 사랑하는 마음으로 되도록 쉬운 말을 쓰려고 했으나 글 속에는 가끔 어울리지 않는 낱말이 들어 있을 것입니다. 그것은 글 내용에 알맞은 적확한 표현을 못 찾은 제 불찰입니다. 근육을 단련하려면 꾸준히 운동해야 하듯 고쳐 쓰기를 계속함으로써 줄여 나갈 수 있을 거라고 생각합니다.

저는 앞으로도 삶을 진지하게 바라보고 시야를 넓혀 성찰하는 사유의 글쓰기를 계속하고 싶습니다. 그 글들이 엉클어진 실타래를 한 올 한 올 곧게 펴고 때 묻은 마음을 말갛게 닦아 내어 제 마른 영혼에 활력을 불어넣어 주는 바람이 되었으면 좋겠습니다.

제 부족한 글에 칭찬과 격려로 지도해 주시고 평설을 써서 글을 빛내 주신 권대근 교수님께 진심으로 감사드립니다. 제가 글쓰기에 가까이 갈 수 있도록 자리를 펴 주신 백미문학의 김지상 선생님, 등단의 발판을 놓아주신 박상주 선생님께도 깊은 감사를 드립니다. 제가 글쓰기의 끈을 붙잡고 계속 쓸 수 있도록 손잡아 주신 백미문학 선배님들과 문우님들, 함께 글쓰기를 하는 문학신문사 문우님들께도 고마운 마음을 전합니다. 내가 책 읽는 데 도움을 주고 첫 독자가 되어 고운 눈길로 보아 준 남편과 아이들에게도 고마움을 전합니다.

2019년 가을
이명순

차례

여는 글 ···· 4

1부 꽃송이가 전하는 말

할머니의 선물 ···· 13
작은 꿈 ···· 17
삭정이 ···· 21
꽃송이가 전하는 말 ···· 25
까마귀 울음 ···· 30
진달래 ···· 33
농게잡이 ···· 38
둥굴레 ···· 42
탁란 ···· 45
박새 ···· 49

2부 신발 한 켤레

사탕수수와 풋내 ···· 57
남 말 ···· 61
먹구름 ···· 66
신발 한 켤레 ···· 71
족두리 ···· 76
보물 ···· 81
바느질을 하면서 ···· 87
장갑 ···· 91
보험 ···· 95
채찍 ···· 99

3부 노래 점수는 미

열쭝이 ···· 107
노래 점수는 미 ···· 111
개나리 ···· 117
우리말 겨루기 ···· 121
슬픈 씨앗 ···· 126
상처 ···· 132
물결 ···· 137
이소 ···· 141
손 ···· 146
촛불 ···· 151

4부 과도 한 자루

잣대 ···· 159
빛과 그림자 ···· 164
미얀마 아가씨 ···· 169
땅을 밟는다 ···· 174
과도 한 자루 ···· 180
삼 동서 ···· 185
날고 싶은 새 ···· 189
장미의 이름으로 ···· 195

이명순의 수필 세계 ···· 200
권대근(문학박사, 대신대학원대 문학언어치료학 전공 교수)

1부
꽃송이가 전하는 말

꽃송이가 말라서 떨어지면서 나에게 전하려고 했던 메시지는 무엇이었을까. 사람은 행복만 원하지, 정작 어떤 삶이 행복한 삶인지에 대해서 생각하지 않는 것 같다. 다른 사람도 행복해야 내가 행복하게 살 수 있다는 것을 깨닫기가 어려워서일까. 급히 서두르며 자연에 인위적인 힘을 가하면 쉽게 무너지고 다시는 아름다운 것을 볼 수 없다. 욕망을 다스리고 사려 깊게 생각하면서 살아가야 하리라.

할머니의 선물

　누군가가 어떤 사물을 좋아하는 데는 그 사람만의 특별한 이유가 있다. 그것에는 다른 사람이 전혀 알 수 없는 혼자만의 추억이 담겨 있지 않을까. 쉽게 찾아낼 수 없는 곳에 간직된 끈끈한 정이 그 사람의 기억을 새롭게 하고 현재의 삶을 윤기 나게 하는 것이라면 그 수가 여럿이어도 좋으리라. 나에게도 오래전부터 간직하고 있었던 할머니의 선물이 있다.

　빗방울이 떨어지자 남편은 이불을 걷으러 옥상으로 올라갔다가 내려오더니 빨랫줄에 널어놓은 이불이 없어졌다고 한다. 요즘에도 이불이 없어지다니 믿어지지 않았다. 혹시나 하여 넓은 옥상을 다시 둘러보았지만, 구석에는 녹슨 캐비닛과 빈 화분만 놓여 있을 뿐이었다. 빗방울이 떨어지는 걸 보고 누군가 캐비닛에 이불을 넣어 놓지 않았을까 하여 들여다보니 텅 비어 있었다. 그냥 내려오려다 다시 둘러보니 가장자리 난간에 반듯하게 이불이 걸쳐져 있는 게 아닌가. 나는 무슨 보물이라도 발견한 양 기뻐하며 이불을 안고 3층까지 단숨에 내려왔다. 누가 옮겨 놓았는지 모르지만 잃어버린 줄 알았던 이불이기에 고맙고 반가웠다. 다른 사람이 보기에 보잘것없다고 생각할지 모르지만, 부모님이 혼수로 해 주신 이불이기에 애지중지 아끼는 나의 마음을 누가 짐작이나 할 수 있으랴.

할머니는 내게 혼수를 해 주기 위해 십여 년 동안 해마다 목화를 심고 가꾸셨다. 뙤약볕에서 김매기와 순 자르기 등을 하며 정성을 기울였다. 목화를 오랫동안 가꾸어서 그런지 할머니는 목화송이 같았다. 할머니가 하얀 세모시 치마와 적삼을 입고 나서면 한 송이의 목화꽃이 되었다. 자그마한 체구의 할머니가 작은 발에 꼭 맞는 흰 고무신을 신고 걸으면 하얀 모시옷이 더욱 빛났다. 다른 아이들 집에서 아이들이 어른 신발을 신으면 커서 벗어지는데 나는 초등학교 사 학년쯤 되었을 때부터 할머니 신발에 발이 들어가지 않아 못 신었다.

목화밭에 떡잎이 나오면 그곳은 연둣빛 나비들이 날개를 활짝 펴고 떼 지어 날아온 듯했다. 우윳빛 꽃이 피면 화사한 꽃밭을 이루었고, 비 오고 난 뒤 목화 꽃잎 위에 맺힌 영롱한 물방울은 보석을 올려놓은 듯 빛났다. 목화꽃은 처음에는 흰색에 가까운 연노랑으로 피었다가 꽃이 질 때쯤이면 분홍빛으로 바뀌면서 점점 진한 붉은빛으로 변하고 핏방울이 떨어지듯 진다. 꽃이 진 자리에 작은 밤톨만 한 다래가 생기면 아이들은 목화밭으로 달려간다. 다래 껍질을 벗기고 마늘쪽 모양의 촉촉한 열매를 꺼내 입에 넣으면 달착지근한 물이 입안에 감돈다. 열매가 갈색으로 변하면서 단단하게 여물고 여러 갈래로 터지면 열매껍질 위에 하얀 목화가 부얼부얼 피어난다.

할머니는 목화를 따서 양지바른 곳에 잘 말렸다가 티끌을 골라내고 겨울밤에 씨아를 돌려 씨를 빼냈다. 할머니와 어머니는 마주 앉아 씨아를 돌리면서 도란도란 이야기꽃을 피웠다. 씨아를 돌릴 때는 씨아가 맞물려 돌아가면서 삐거덕삐거덕 소리를 낸다. 아이들은 그 소리에 장단 맞춰 고개를 끄덕이며 노래를 불렀다. 목화를 먹이는 어머니의 앞치마에는 쥐똥 같은 목화씨가 수북이 쌓이고 목화를 받는 할머니 앞에는 하얀 목화가 뭉게구름처럼 피어올랐다. 동생들은 씨앗을 담고 목화를 커다란 대광주리에 옮겨 담는 일은 내가 맡았다. 동생들은 목화를 공중으로 던지며 눈 내린다며 즐거워했다.

내가 중학교에 입학하여 집을 떠나 고모 댁으로 가게 되었을 때, 할머니와 어머니는 목화솜으로 새 이불을 꾸며 주셨다. 두 분이 이불을 만들 때, 나는 할머니 곁에 있다가 바늘의 실을 다 쓰면 돗바늘에 실을 꿰어 드리곤 했다. 큰 손녀 시집보내는 걸 보고 싶다고 하던 할머니는 내가 결혼하기 삼 년 전에 돌아가셨다. 할머니의 사랑과 정성이 가득 들어 있는 솜으로 어머니가 이불을 마련해 주었으니 할머니도 기뻐하셨으리라. 그 솜으로 시어머니께도 비단 이불을 해 드렸는데 막내며느리의 허물을 덮어 주고 사랑해 주신 것도 할머니 정성 덕분인 것 같다. 혼수로 마련해 주신 두툼한 솜이불은 얇게 여러 개로 만들어 온 식구가 잘 덮고 있다. 이불을 덮으면 할머니의 품에 안긴 듯 마음이 편안해진다.

한 친구는 결혼할 때 해 온 솜이불이 무겁다고 다 버리고 다른 이불을 샀다고 한다. 산 이불이 목화솜만 할까. 나는 할머니와 어머니의 사랑을 같이 내버리는 것 같아서 그것을 버린다는 생각을 한 적이 없다. 두 분이 나를 위해 얼마나 애쓰셨는지 잘 알고 있는데 어떻게 버린단 말인가. 솜이불에는 할머니의 사랑이 가득 담겨 있다. 가을이 오면 솜을 타서 그 솜으로 폭신한 이불을 만들어야겠다. 통으로 만든 이불도 있지만, 고운 천에 하얀 깃을 달아 네 귀 맞춰 꿰매서 덮으면 쾌적하다. 화학솜과 양모, 거위 털, 실크 등 여러 가지 다른 재질의 이불도 덮어 봤지만, 적당히 몸을 감싸 주는 솜이불이 나는 좋다. 이불에 얼굴을 묻으면 할머니의 따스한 숨결이 전해져 오는 것 같다.

작은 꿈

 나는 시간이 나면 소소한 일상부터 챙기고 싶다. 그동안 바쁘다고 외면했던 삶의 작은 부분에 관심을 가지고 살펴보아야겠다. 뵙고 싶던 어른을 찾아가서 맛있는 것을 사 드리고, 즐거워하는 모습을 보며 작은 기쁨을 맛보고 싶다.

 지난 토요일 오후 선배 아들의 결혼식장에 갔다가 승강기 앞에서 흐뭇한 광경을 보았다. 백발이 성성한 칠십 대 후반의 할머니 한 분과 그의 딸인 듯 보이는 40대 초반의 여자가 손을 잡고 나란히 승강기 앞으로 왔다. 젊은 여자가 승강기를 타려고 서 있던 나이 지긋한 분의 손에 돈을 쥐여 주었다. 그분은 한사코 안 받겠다고 도로 젊은이에게 주고 서로 승강이를 벌이다가 마지못한 듯 그것을 받아 손에 쥐고 고마움에 어찌할 줄 모르는 표정으로 서 있었다. 돌아서는 모녀의 얼굴이 환했다. 미리 준비한 게 아니라 갑자기 반가운 사람을 만나 정을 표하는지 알돈이었다. 보고 있던 우리 일행의 얼굴에도 미소가 번졌다.

　나는 하루 이틀에 할 수 있는 작고 소중한 일들을 하고 싶다. 큰 계획이 아니면 어떠랴. 나도 지난번 예식장에서 본 것 같은 일들을 해 보리라. 먼저, 몸이 불편하여 전동차를 타야 이동할 수 있는 어머니를 모시고 가까운 곳 나들이를 하고 싶다. 또 한 분 있는 고모를 찾아뵐 것이다. 그분께 맛있는 점심을 대접하고 싶다. 그리고 내가 어릴 때, 나를 데리고 다니며 놀아 주었던 당고모를 만나러 가겠다. 부모님 다음으로 가장 많이 생각나는 사람이 당고모가 아닌가.

　당고모는 성품이 너그러워서 나에게 잘 대해 주었다. 내가 가끔 떼를 써도 웬만하면 다 받아 주었고, 나를 위해 주는 정성이 지극했던 고마운 분이다. 고모는 자기 친구 집에 놀러 갈 때도 나를 데리고 갔다. 고모 친구 집은 안 가 본 곳이 없을 정도다. 고모와 함께했던 일은 참 많다. 내가 초등학교 일학년 때 당고모는 늘 우리 집에 와서 나를 데리고 학교에 가곤 했다. 그러던 어느 날 나는 홍역에 걸려 며칠 동안 학교에 못 갔다. 집에서 쉬다가 학교에 처음 간 날, 고모는 쉬는 시간마다 우리 교실에 와서 잘 지내는지 들여다보고 갔다. 고모의 덕을 보는 건 그뿐만이 아니었다. 틈만 나면 고모 교과서를 읽는 재미에 푹 빠져 지냈다. 나이는 다섯 살 위지만 고모가 학교에 늦게 입학해서 세 학년 위였는데, 고모의 도덕책이나 국어책이 재미있어서 읽느라 시간 가는 줄 몰랐다.

봄에는 고모와 나는 뒷산에 가서 봄나물을 뜯었다. 잔대, 원추리, 고사리, 취나물 더덕 순 등이었다. 산에 있는 식물 이름도 그때 안 것이 많다. 내가 고향을 떠나 살 것을 예감했는지 그리움이나 고향에 대한 노래를 불렀다. 고모랑 같이 불렀던 것 중에는 '고향 생각'이라는 노래가 있다. 지금도 자꾸 머릿속에서 맴도는 이 노래다. 난 요즘도 외로울 때는 이 노래를 부른다. 이 노래를 부르면 외로움이 더 진해져서 눈물이 난다. 그러다가 한참 지나면 마음이 다시 밝아진다.

저 산 너머 새파란 하늘 아래는
그리운 내 고향이 있으련마는
천리만리 먼 땅에 떠난 이 몸은
고향 생각 그리워 눈물지누나.

버들 숲 언덕에 모여 앉아서
풀피리 불며 놀던 그리운 동무
지금은 어디서 무엇을 하나
생각도록 내 고향이 그립습니다.

내가 어릴 때, 고모가 나를 업고 논길을 걸어가면서 이야기를 들려줄 때는 반딧불이가 곡선을 그리며 밤하늘을 수놓았다. 나는 지금도 그 여름밤을 생각하면 전율이 느껴진다. 고모는 그때 이런 노래도 가르쳐 주었다. '아기별'이라는 노래다.

수풀 속에 반짝이는 게 촛불인 줄 알았더니 아기별이었다는 노랫말이 얼마나 고운가.

서산 너머 해님이 숨바꼭질할 때에
수풀 속에 새집에는 촛불 하나 켜 놨죠.
아니아니 아니죠 켜 논 촛불 아니라
저녁 먹고 놀러 나온 아기별님이지요.

누구나 지나간 것은 좋게 생각한다지만, 나이를 먹을수록 그 시절이 아름답게 생각된다. 시간이 흐르면 기억이 조금씩 사라지지만, 오래된 것일수록 모난 부분은 닳아서 없어지고 둥근 조약돌같이 되어 좋은 기억으로 더 또렷하게 빛난다. 당고모와 함께했던 고향 마을의 추억만큼 따뜻한 곳이 또 있을까. 9월이 오면, 나는 현숙이 고모를 만나러 멀지 않은 충청도 어느 마을로 달려가리라.

삭정이

광풍이 분다. 나무가 흔들린다. 나무는 곧 쓰러지기라도 할 것처럼 위태롭게 서 있다. 잔혹한 겨울의 칼날을 침묵과 인내로 이겨 내던 우람하던 나무는 어디로 가고 물기가 다 마른 채 삭정이들만 몸에 매달고 간신히 버티고 있는가.

녹색 전광판이 빠르게 돌아가고 있었다. 〈우리 병원 의료진은 최상의 서비스로 환자를 돌봅니다. 모든 환자의 쾌유를 기원합니다. 수술 중인 환자 명단입니다.〉 자정이 넘었는데도 수술 중인 환자 명단에는 아직 두 명의 이름이 남아 졸고 있었다. 어머니의 이름이 명단에서 빨리 사라지기를 바랐지만, 한 시간이 지났는데도 어머니 이름만 남아 전광판에서 반짝였다.

수술실 옆 대기실에는 남동생과 여동생 내외, 우리 부부가 목을 길게 빼고 앉아 있었다. 수술 예정 시간인 열두 시간이 넘어가니 불안감이 엄습해왔다. '수술 도중 어려운 일이 생긴 건 아닐까.' 나는 가만히 앉아 있을 수가 없어서 복도에서 서성거렸다. 자정이 넘자 중환자실 앞 대기실 의자에는 하나둘 지친 몸을 뉘는 사람들이 늘어나더니 어느새 꽉 찼다. 환자를 걱정하는 마음도 쏟아지는 잠에는 백기를 든다. 환자들은 통증을 이기느라 힘들고 보호자들도 물에 젖은 솜뭉치가 되어 쓰러진다. 3시가 좀 넘었을 때, 땀에 흠뻑 젖은 의사가 나왔다. 밤중까지 수술하느라 지친 모습이다. 수술은 잘 되었고 환자는 회복실로 옮겼다고 했다. 고마운 마음을 안고 회복실로 뛰다시피 갔다. 십여 미터밖에 안 떨어진 곳에 있었지만 멀게 느껴졌다.

회복실에는 어머니가 얼굴이 퉁퉁 부은 채로 누워 계셨다. 간호사는 한 시간 동안 어머니가 잠들지 않도록 자꾸 말을 붙이라고 했다. "유영희 님 눈 떠 보세요." 간호사가 말하자, 어머니는 간신히 눈을 뜨더니 힘에 겨운 듯 얼른 감았다. 간호사가 나를 가리키며 이 사람이 누구냐고 묻자, "큰딸"이라고 했다. 동생들도 차례로 어머니를 부르며 자기가 누군지 아느냐고 물었다. 생사를 가르는 긴 시간 마취 후에도 자식들을 알아보는 걸 보고 우리는 안도의 한숨을 내쉬었다. 열세 시간 동안의 수술을 잘 견디고 깨어난 어머니가 안쓰럽기도 하고 한편으로는 장하게 생각되었다. 간호사가 "발가락을 움직여 보세요."라고 말하자 몇 년 동안 꼼짝하지 않던 왼쪽 발가락이 위아래로 움직였다. 경이로운 순간이었다.

어머니는 대소사가 많던 종갓집 맏며느리로서 일 년에 열 번 제사를 모시며 손님치레하느라 손에 물이 마를 날이 없었다. 설 명절에는 떡국 끓이고 주안상 차려 내느라 부엌을 벗어날 수 없던 분. 다른 어머니들처럼 우리 오 남매 키우느라 평생 고생하신 건 말할 나위도 없다. 어머니는 척추 협착증이 심해 허리의 통증으로 고통스러웠고 왼쪽 다리의 감각이 둔해져 바르게 걸을 수 없었다. 걸을 때도 왼쪽 신발이 자주 벗겨져서 늘 불편함을 겪었다. 어머니의 등은 위에서 아래까지 길게 절개되어 등뼈 사이에 철골을 끼워 넣고 단단한 보호대로 꽁꽁 묶여 있다. 그런 어머니를 보고 있는 내 눈에 부옇게 안개가 끼었다.

주위 사람들한테 너그럽게 대하셨던 어머니를 "큰댁 언니, 큰댁 아주머니"라고 부르며 따르는 분들이 많았다. 나는 그런 어머니를 둔 게 자랑스럽기도 했다. 어머니는 무슨 일을 해야겠다고 마음먹으면 꼭 해내는 성격이었다. 아버지가 돌아가시고 혼자되었을 때, 기동력이 없어 불편하니 운전을 해야겠다고 하셨다. 답답해서 한 말이겠거니 하고 반신반의했는데 어머니는 기어이 운전을 배웠다. 예순여덟의 나이에 어머니의 바람이던 운전면허를 취득했고, 십 년 가까이 자동차는 몸이 불편한 어머니를 돕는 튼튼한 발이 되었다. 부지런하여 보통 사람보다 두 배로 일을 빨리 처리하던 어머니가 지금은 자기 몸도 가누지 못하고 누워 있으니, 견디기 힘드셨으리라.

'시간이 약'이란 말이 실감 났다. 매일 진통제 주사로 통증을 달래던 어머니도 수술 후 일주일이 지나니 먹는 약으로 견디신다. 보름째 되는 날부터는 어린아이처럼 보행 연습을 시작했다. 어머니는 보조기에 양팔을 의지하고 나는 뒤에서 보행기와 어머니의 바지 허리춤을 잡고 보조를 맞춰 걸었다. 어머니는 대여섯 발짝 가다가 힘에 겨운 듯 중심을 못 잡고 기우뚱거리며 멈춰 서고 만다. 이마에는 땀이 송골송골 맺힌 채 한숨을 쉰다.

내가 대학 다닐 때 남동생 두 명과 계룡산에 갔을 때도 어머니는 날아오르듯 단숨에 먼저 정상에 올랐는데, 꿈속에 있었던 일이란 말인가. 우리를 품고 감싸 주던 튼튼한 둥구나무는 어디로 가고 살짝 건드리기만 해도 부러질 것 같은 마른 삭정이만 남았는가.

꽃송이가 전하는 말

 장맛비가 쏟아진다. 이런 날 사람은 빗속에 갇혀 침잠하고 있지만, 식물은 더욱 빛을 발한다. 지난밤 빗속에서도 부지런한 오렌지 재스민이 집 앞에 하얀 별 무리를 데려다 놓았다. 별 속에는 작은 우주인이 바삐 날아다니며 탐사 작업을 하느라 분주하다. 흔들리는 잎 위에서는 바람 불 때마다 빗방울이 미끄럼을 탄다. 지난봄에 있었던 일이 아니었다면 그저 꽃이 핀다고 생각했을 텐데 이번에는 다른 눈으로 보게 된다.

 탁자 앞에 앉으니 은은한 향기가 솔솔 풍겨온다. 잠자는 갓난아이에게서 나는 달곰하고 향기로운 냄새다. 이슬방울이 떨어지다가 잠시 멈춘 듯 하얀 꽃송이 끝에는 제도연필로 그려 놓은 듯 다섯 개의 가는 선이 그어져 있고 그 틈으로 향기가 새어 나오고 있었다. 신기해서 꽃송이를 들여다보다가 코를 가까이 대고 여러 번 들이마셨다. 그 정도로 끝냈으면 좋았을 텐데. 남편에게도 꽃냄새를 맡아 보라고 권했다. 그가 꽃에 가까이 가서 향기를 들이마시는 걸 보니, 들숨과 함께 작은 꽃송이가 큰 콧구멍 속으로 딸려 들어가는 게 보였다.

그런 일이 있은 후 꽃 필 때가 되었지만, 그 이튿날도 꽃송이는 그대로 있었다. 시간이 지나자 봉긋하던 봉오리는 커지지 않고 점점 쪼그라드는 게 아닌가. 여린 꽃송이가 뜨거운 콧김에 데어서 그런 것 같다. 황금알을 한꺼번에 얻기 위해 거위를 잡는 어리석은 사람처럼, 피지도 않은 꽃의 향기를 미리 맡다가 이렇게 되고 말았다. 좀 더 느긋하게 기다렸더라면 꽃을 볼 수 있었을 텐데. 때도 모르고 보채는 못난 주인을 만나 피어 보지도 못하고 말라가는 꽃송이를 보면서 미안함을 어떻게 표현할지 난감했다. 지난해처럼 한꺼번에 여러 송이가 피어나면 빨리 잊을 텐데, 올해는 한 송이만 먼저 피어나다가 수난을 당하고 다른 줄기에서는 소식도 없다. 한 송이의 꽃을 밀어 올리기 위해 꽃나무는 겨우내 혼신의 노력을 기울였으리라. 지금 흙 위에 떨어져 마르고 있는 꽃잎은 꽃이 흘린 피눈물이 아닐까.

나는 살아오면서 얼마나 많은 꽃에 상처를 입혔을까. 둘레길을 걷다가 찔레꽃이나 장미가 피어 있으면 코를 가까이 대고 향기를 들이마시곤 했다. 그런 일을 반복하면서도 꽃들이 괴로워하는 줄도 모르고 아무런 죄책감도 느끼지 못했다. 꽃은 싫다는 말도 못 하고 얼마나 힘들었을까. 그 일이 있고 난 뒤, 집 앞에 나가서 풀을 뽑고 있는데 라일락 꽃 향기가 났다. 나는 은은한 냄새에 만족하지 못하고 라일락 꽃나무가 있는 쪽으로 걸어가서 고개를 숙였다. 꽃송이에 가까이 코를 대려다 불에 덴 듯 놀라 고개를 들었다. 꽃만 보면 향기를 맡으려고 코를 들이대는 게 습관이 되었구나. 어떤 일이 습관이 되면 바꾸기 어렵다. 그냥 돌아서려다 아쉬운 생각이 들어 손바람을 일으켜 향기를 맡고야 자리를 떴다.

어떤 사람의 그윽한 눈길이나 따뜻한 숨결이 그를 좋아하는 사람에게는 기분 좋게 느껴지겠지만, 그렇지 않은 사람에게는 괴로움을 준다. 만원 버스나 전철 안에서 어쩔 수 없이 타인의 숨결을 가까이 하게 될 때, 특이한 냄새가 난다면 얼마나 견디기 어려운 일인지 경험해 본 사람은 안다. 문뱃내나, 퀴퀴한 담배 냄새는 얼마나 역겨운가. 가끔 상대는 싫어하는데, 자기만 좋다고 막무가내로 다가가는 사람들을 본다. 싫은 사람이 가까이 다가설 때 그 불쾌함은 말로 표현하기가 어려우리라. 더구나 신체가 상대의 몸에 닿는다면, 불안은 더욱 커질 것이다. 요즘 성범죄가 크게 늘고 있어 심각한 사회문제로 되고 있다. 최근에는 여성의 집에 침입하려던 한 남성이 붙잡히기도 했다. 모두 다른 사람을 배려하지 않는 몰지각한 남성의 이기심 때문에 일어나는 일이 아닌가.

오늘 오렌지 재스민꽃을 보니 건강하게 자라 주어서 고마웠다. 봄에 꽃이 피지도 못하고 떨어진 후, 미안해서 전보다 더 정성을 쏟았다. 날씨가 따뜻해졌을 때, 화분을 밖에 내놓고 햇볕을 많이 쬐게 하고 거름흙도 넣어 주며 물도 정성껏 주어 잘 자랄 수 있도록 했다. 어려움을 겪고 나서 다시 힘을 모아 석 달이 지난 뒤 꿋꿋하게 꽃을 피운 걸 보니 더욱 반갑다. 가지가 부러지거나 큰 상처를 입었다면 상처를 치유하는 데 시간이 오래 걸리고, 어쩌면 영영 살아나지 못했을지도 모른다. 사람도 마찬가지이리라. 자기 욕심만으로 검은 손을 뻗는 사람들 때문에 폭력을 당한 사람은 심신이 다 망가져 삶의 희망을 잃고 일어설 수 없는 지경에 이르기도 한다.

'인간은 행복조차 배워야 하는 짐승'이라고 니체는 말했다. 살아 있는 모든 것들은 배우지 않고도 최선의 삶을 사는데 인간은 살아 있으면서도 사는 게 서툴다. 혼자만 잘 살기 위한 집착은 다른 생명에 대한 무관심에 이르게 된다. 욕심만을 채우려고 하다 보면 행복해지기는커녕 되레 자신을 구렁텅이에 빠뜨린다. 꽃송이가 말라서 떨어지면서 나에게 전하려고 했던 메시지는 무엇이었을까. 사람은 행복만 원하지, 정작 어떤 삶이 행복한 삶인지에 대해서 생각하지 않는 것 같다. 다른 사람도 행복해야 내가 행복하게 살 수 있다는 것을 깨닫기가 어려워서일까. 급히 서두르며 자연에 인위적인 힘을 가하면 쉽게 무너지고 다시는 아름다운 것을 볼 수 없다. 욕망을 다스리고 사려 깊게 생각하면서 살아가야 하리라.

까마귀 울음

부모가 자식을 사랑하는 크기는 얼마나 될까. 자식 생각만큼 아낌없는 사랑이 또 있을까. 가진 것 다 주고도 모자라 더 주고 싶어 하는 게 부모 마음이 아닌가. 동물도 사람과 다르지 않은 것 같다. 사람은 생각이 있고 동물은 생각이 없다는 말은 사람이 만들어 낸 말이 아닐까.

저녁 무렵, 거리를 걷는데 까마귀들이 다급하게 우는 소리가 들린다. 까마귀는 구급차의 소리를 가장 높은 단계로 올려놓은 것처럼 빠르게 울어 댔다. 까마귀 우는 소리가 예사롭지 않다. 걸음을 멈추고 보니 까마귀 두 마리가 전깃줄 위에서 이쪽저쪽으로 바쁘게 날아다녔다. 까마귀는 발이 전깃줄에 닿자마자 다시 다른 쪽으로 날아가며 안절부절못하고 있었다. 쩔쩔매는 전깃줄 위의 까마귀와는 달리, 길바닥에는 새끼인 듯 작은 까마귀 한 마리가 돌아다니고 있었다. 주차장이라 차는 여전히 들락날락하고 있는데, 작은 까마귀는 날아오르려고 하다가 자동차 지붕 위에 떨어져 미끄러지고, 또 떨어졌다.

가게 안에 있던 손님과 지나가던 사람들이 모두 하던 일을 멈추고 까마귀를 쳐다보았다. 그러나 어떻게 도와야 할지 방법을 몰라 허둥지둥했다. 서 있던 몇몇 사람들은 조류보호센터에 연락해야 하지 않느냐고 웅성댔다. 그때 나도 무언가 해 보려고 했지만, 내가 할 수 있는 건 아무것도 없었다. 모두 안타까움으로 발만 동동 구를 뿐이었다. 까마귀 두 마리는 목청껏 쉬지 않고 울어 댄다. 목이 쉰 듯한 까마귀 울음소리는 듣고 있는 사람들의 가슴을 뒤흔들었다. 얼마나 애가 타면 저렇게 처절하게 울까. 위험에 처한 자식을 보고도 구할 수 없는 까마귀 부부의 마음은 다 타들어 간다. 자식이 자동차에 치일지도 모르는 위험한 상황을 뻔히 보면서도 안전한 곳으로 데려가지 못하는 까마귀 부모의 마음을 어디에 비할까.

바라보던 행인 한 사람이 용감하게 나서서 작은 까마귀를 잡으려고 했다. 그 사람이 손을 내미니 새끼 까마귀는 자기를 해치려는 줄 알고 부리로 콕콕 쫀다. 그 아저씨는 할 수 없이 작업용 두꺼운 장갑을 빌려다 끼고 위험을 무릅쓴 채 까마귀 잡기를 여러 번 시도한 끝에 간신히 붙잡았다. 사람들이 많이 있었지만 그 사람들 중에 용기 있는 사람은 한 사람뿐이었다. 그는 길 건너에 있는 작은 나무들 사이에 새끼 까마귀를 놓아주었다. 까마귀의 울부짖는 소리가 낮아지고 점점 느려지더니 멎었다.

우리 부모님도 오 남매를 키우시느라 고생을 많이 하셨다. 맏이인 나는 어릴 때 배가 자주 아팠다. 밤중에도 나를 업고 병원으로 달려가시던 부모님은 얼마나 애가 타셨을까. 어머니는 막냇동생을 잃고 식음을 전폐하고 끝내 몸져 누우시기도 했다. 나도 아이를 낳아 기르면서 부모의 마음을 조금이나마 알게 되었다. 밤중에 열 경기를 일으키던 아이를 업고 뛰면서 얼마나 마음을 졸였던가. 오직 아이가 어서 낫기만을 바라는 어미의 마음이었다. 불난 곳에서 자식을 구하려다 몸이 타 일그러진 얼굴과 오그라든 몸으로 평생 고생하는 손위 시누이, 물에 빠진 아이를 구하려고 강으로 뛰어들어 목숨을 잃는 부모는 모두 자식 사랑하는 한마음이리라.

우리 인간에게 더욱더 귀한 것은 진실한 사랑의 마음자리가 아니겠는가. 자식 사랑하는 마음은 동물이나 사람이나 매한가지이리라. 부모의 자식 사랑하는 마음을 세상 어느 것에 비할 수 있을까. '어머니 마음'이라는 노래가 절로 나온다.

진달래

　모처럼 봄나들이를 하기로 한 날이다. 날씨가 궂다. 아침부터 비가 조금씩 오더니 한술 더 떠 밤톨만 한 우박도 쏟아 냈다. 간신히 짜낸 시간이라 미룰 수도 없어 예정대로 산으로 향한다. 하늘이 번하기에 날씨가 개는 줄 알았더니 구름을 잔뜩 머금은 하늘이 금방이라도 비를 쏟아 낼 것 같다. 등산로 곳곳에는 분홍 꽃이 군데군데 피어 있다. 갓 깨어난 병아리 솜털처럼 보들보들한 꽃잎이 울다가 엄마를 만난 아기처럼 그렁그렁하게 물방울을 매달고 웃고 있다. 진달래는 봄나들이 나온 나의 마음을 온통 봄의 향기로 채워 주고 있었다.

　산을 오르는 내내 비가 내렸다. 우산을 쓰고 산길을 걷는데도 불편하기는커녕 무어라 형용할 수 없는 기쁨이 솟아올랐다. 누기가 차서 기분이 안 좋을 법한데도 산이 주는 넉넉함 때문인지 어머니 품처럼 포근했다. 봄 산행이라 그럴까. 두 번이나 올라가려다 몸이 안 좋아 포기하고 산 밑에서만 놀다가 되돌아갔던 고려산에 다시 와서인가. 형언할 수 없다. 굵은 빗방울이 흙을 튕겨 바지 끝자락에 무늬를 그려놓고 있었다. 흙냄새와 향긋한 풀냄새가 물씬 올라왔다. 물기를 머금은 나무줄기는 기름칠한 듯 반질거렸다. 어느새 빗물은 작은 물길을 만들고 돌돌 소리를 내며 개울을 향해 달음박질하고 있었다.

산의 정수리에 올라서서 한가로이 둘러보니 온통 꽃 천지다. 죽은 망제의 혼이 강화도까지 날아와 피를 토하며 밤낮으로 울어 꽃을 피웠는가, 온 산을 뒤덮다시피 두견의 피로 붉게 물들이고 있었다. 굽이굽이 융단을 펼쳐놓은 듯 꽃 무더기의 향연은 아름답다 못해 처연하다. 가지도 가늘고 빈약하게 생긴 진달래가 무리를 지어 피어나 봄을 밝힌다. 척박한 땅에서도 잘 자라 먹을거리가 없던 시절에 우리 조상들이 식용으로 먹기도 했다니 가엾기도 하다. 분홍 한복을 입은 아이들이 율동하는 듯 진달래의 군무는 어느 큰 무용단보다도 화려하다. '고향의 봄'에 나오는 꽃 대궐이 바로 여기가 아닐까.

봄이 오면 고향 뒷산에도 진달래가 흐드러지게 피었다. 그 꽃은 아이들을 들뜨게 했다. 아이들은 마음껏 산을 누비고 다니고 싶었지만, 어른들은 아이들끼리만 산에 가는 것을 허락하지 않았다. 진달래꽃이 많이 핀 산에 가면 용천배기가 있다고. 바위 뒤에 숨어 있다가 아이들에게 진달래꽃을 꺾어 주며 꼬여 잡아간다고 했다. 아이들은 공포감에 떨었지만, 가끔 어른들 몰래 진달래를 꺾었다. 다행스럽게도 우리 주변에는 용천배기한테 잡혀간 아이는 없었다. 어른들이 정말 그렇게 믿었을까. 아이들이 산에서 다칠까 걱정되어서 그렇게 말했을까.

나는 용천배기를 본 적이 있다. 봄에는 유독 걸인들이 많이 다녔다. 가족들이 무리를 지어 다니기도 하고 혼자 다니기도 했다. 벙거지를 푹 눌러쓰고 다니는 동냥아치는 쌀을 주면 고맙다고 하며 받아 갔다. 가끔 밥을 달라고 하기도 했다. 나는 걸인이 오면 두려움에 떨면서도 어른 등 뒤에 숨어서 그들의 모습을 살펴보았다.

어느 날 특이하게 생긴 사람들이 왔다. 한 사람은 손가락이 없고 손이 뭉툭하게 생겼다. 할머니가 내민 곡식 바가지를 껴안듯이 양 손목으로 붙잡고 자루에 부었다. 코가 일그러진 사람도 있었다. 알고 보니 그들은 뿔 달린 괴물 용천배기가 아니라 나병 환자들이었다.

용천배기보다 훨씬 더 무서운 건 상이군인이라는 사람들이었다. 그들은 떼로 몰려다녔다. 나라를 위해서 싸우다 다쳤다고 큰소리치며, 갈고리 달린 손으로 대문을 탁탁 치며 위협하기도 했다. 그들은 배역을 미리 정하기라도 한 듯 돈이나 곡식을 많이 내놓으라고 으름장을 놓았다. 자기들 같은 사람이 무슨 짓인들 못 하겠냐고 했다. 보기만 해도 무서웠다. 정말 나라를 위해 싸우다 몸을 다쳤다면 그렇게 살 수밖에 없었을까. 그들이 활보하고 다니면 순박한 시골 사람들은 두려움에 떨며 피땀 어린 곡식을 퍼 주며 수난을 당했다. 그들은 정말 나라와 민족을 위해 몸을 바친 사람들이었을까. 지금도 풀리지 않는 수수께끼로 남아 있다.

산에서 내려오며 할머니를 따라 나물을 뜯으러 갔던 날을 떠올렸다. 아지랑이가 아른아른 피어오르는 날, 산등성이에 올라 흙을 뚫고 뾰족이 솟아오른 원추리를 도리고 잔대 순, 취나물을 뜯었다. 손을 들까 말까 망설이는 수줍은 아이처럼 주먹을 쥐고 나무 옆에 기대선 고사리도 꺾었다. 가시가 있는 엄나무 순을 따기도 했는데 억센 가시와 달리 엄나무 잎은 아기 손바닥처럼 보드라웠다. 지금도 봄이 되면 연례행사를 치르듯 산에 간다. 나지막한 동네 산속을 이리저리 돌아다니며 나물을 뜯기도 하고 여러 가지 식물을 들여다보며 들풀의 이름을 불러 준다.

봄에는 나물을 많이 먹는다. 봄나물을 먹으면 대지의 기운을 흠뻑 받아 일 년을 건강하게 지낼 수 있을 것 같다. 오늘도 쌉싸래한 머위를 먹으며 봄을 마신다. 희망차고 아름다우며 화사한 봄의 뒤편에는 슬프고 두렵고 괴로운 일도 끼어 있다. 요즘 사람들은 어떤 봄을 맞을까. 일요일에 교회에 가고 싶어도 시간이 없어 못 간다는 봉고차 기사 아주머니의 말에 가슴이 짠했다. 그 아주머니는 휴일을 맞아 떠나는 여행객을 실어 나르느라 일요일이 되면 더 바빠 움직여야 한다. 봄 날씨처럼 따뜻하고 희망이 솟는 일들이 생겨 봄꽃을 보며 화창한 봄날을 만끽할 수 있는 사람이 좀 더 많아지기를 바란다.

농게잡이

　며칠 전 영종도 배 터에 갔다가 길가에 있는 어물전에 들렀다. 고무 함지에 게들이 엎드려 있었다. 아주머니가 싱싱하니 사 가라며 게를 살짝 건드렸다. 게들이 모두 집게발을 쳐들고 내게 달려들 듯이 와글와글 한바탕 소란을 피운다. 게를 보자 어릴 때 할머니를 따라 처음 갔던 밤바다에서 농게잡이 하던 일이 떠오른다.

　여름밤에 마을 사람들은 바다로 향했다. 등에 구럭을 지고 등불을 하나씩 들고 농게를 잡으러 갔다. 둑 위에 나 있는 길은 모래가 많아서 미끄러웠다. 둑 옆의 비탈진 곳에는 해당화가 곱게 피어 우리에게 어서 오라고 손짓하고 있었다. 한눈팔다가 발을 잘못 디뎌 미끄러지기라도 하면 해당화 가시에 긁혀 상처를 입기도 했다. 밤바다는 어떨까. 자못 궁금해서 가는 길에도 마음이 설렜다. 그 시절, 농게는 여름 반찬 중에 중요한 몫을 차지했다. 게 간장에서 건진 짭짤한 농게는 더위에 지친 사람들의 입맛을 돋우어 주는 훌륭한 반찬이었다.

 썰물 때가 되어 물이 빠지면 갯벌에는 농게들이 나와서 먹이를 찾는다. 회색 몸에 빨간 집게발이 달린 수게들이 기어 다니는 모습은 흡사 갯벌에 채송화꽃이 만발한 것 같았다. 밤에 게 잡기는 아주 쉬웠다. 게들이 많이 모여 있는 곳에 등불을 비추면 게가 놀라서 우왕좌왕한다. 그사이에 게를 주워 담는다. 사람이 다가가면 게들은 재빨리 제집으로 들어가 숨는다. 집에서 멀리 나왔던 게는 급해서 자기 집까지 가지도 못하고 남의 집으로 들어간다. 그럴 때는 운이 안 좋은 게 두 마리가 한꺼번에 잡혀 나오기도 한다. 어린이가 길을 잃으면 위험하듯 게도 너무 멀리 가는 것은 매우 조심해야 할 일이다. 목숨을 내놓아야 하니까.

 부모님을 따라온 아이들은 이리저리 다니면서 미처 도망가지 못한 게를 손으로 덮쳐서 잡는다. 서너 발짝 떨어진 곳에서 진흙을 뭉쳐 던져 게를 맞힌 뒤 게가 장애물을 헤치고 도망가려고 꼼지락거리는 사이 재빨리 주워 담는다. 갯벌은 나 같은 아이들에겐 색다른 놀이터였다. 아이들은 게 잡는 것보다 말랑말랑한 개펄을 밟으며 이리저리 뛰어 돌아다니는 걸 더 좋아했다. 개펄을 밟으면 매끈매끈한 개흙이 발가락 사이로 삐져나오며 발가락을 간질였다. 가끔 굴

껍데기나 나문재 가지에 찔려 상처가 나기도 했지만, 아이들은 아랑곳하지 않았다.

   그때 손전등을 가지고 다녔으면 얼마나 편했을까. 사람들은 사방이 유리로 된 등을 들고 다녔다. 등의 가운데에 등잔을 얹어 놓았지만, 등이 흔들리면 등잔 뚜껑이 떨어져 불이 꺼졌다. 꺼진 불이야 다시 불을 댕기면 되었지만 그렇게도 할 수 없는 일이 있었다. 한 젊은 아주머니는 깨진 유리 등 한쪽에 창호지로 붙여 들고 왔다. 바삐 돌아다니느라 등이 기울어지자 바다 습기로 눅눅해진 종이를 뚫고 등잔이 튀어나와 뻘밭에 나동그라졌다. 석유는 다 엎질러지고 등잔 심지는 개흙에 뒤범벅이 되어 불을 붙일 수도 없었다. 아주머니는 개흙투성이의 등잔을 주워 담으며 어쩔 줄 몰라 했다. 등불이 없는 아주머니는 남의 불에 의지하여 게를 조금 잡을 수밖에 없었으니 그 마음이 오죽했겠는가. 그 아주머니의 가난함이 너무 안타까워서 가슴이 뭉클했다.

   바다는 사람들에게 여러 가지 도움을 주었다. 굴, 조개 낙지, 게 등을 끊임없이 제공해 주었다. 보통 아이들이 부모님께 전적으로 의지할 때 바다 가까이에 사는 아이들은 예닐곱 살 때부터 돈벌이를 했다. 그들은 굴도 따고 조개를 캐서 팔아 돈을 만지고 있었다. 돈 버는 일이 어찌 쉽기만 했을까. 개별 시계가 없던 어려운 시절이라 물이 들어오는 때를 모르는 사람들이 수난을 당하기도 했다. 물때를 잘 지키는 갯마을 사람들에게 바다는 풍요롭고 고마운 곳이었다. 눈이 툭 튀어나온 짱뚱어가 뛰어다니고 해바라기처럼 펼치고 있던 촉수를 건드리면 말미잘이 몸을 움츠리며 물을 뿜어대던 아름다운 갯벌, 우리가 놀이터처럼 여기고 재미로 갔던 바다지만 어떤 사람들은 생명을 걸고 살아가던 곳이 아닌가.

천수만 일대의 대규모 간척사업으로 인하여 농토는 넓어졌지만, 추억을 되새길 수 있는 장소가 없어져 버렸다. 사람은 추억을 먹고 산다고 하지 않는가. 중년에게 추억은 삶의 장소다. 추억이 많은 사람일수록 마음이 더 부유해지고 행복해진다고 믿는 나에게 갯벌의 부재는 마음의 영양실조를 의미한다. 그러나 어쩌랴. 이 부재의 상황도 어느 순간 나의 기억의 창고에 저장되고 과거가 되리니. 이 안타까운 상처도 시간이 더 흘러 추억으로 바뀌면 나는 변화된 상황에 새로운 의미를 부여할 수 있지 않겠는가.

둥굴레

 고향을 떠나 살고 싶어 하는 사람이 있을까. 요즘은 학업, 밥벌이, 전쟁 등으로 인해 어쩔 수 없이 고향을 떠나 사는 사람들이 많아지고 있다. 가깝게는 나라 안, 멀게는 외국까지 가서 산다. 그런데도 갈 수 없는 땅이라서 고향을 찾지 못하는 사람들은 얼마나 가고 싶을까.

 큰 도로변 언덕 가로수 옆에 둥굴레가 보인다. 반갑다. 고향 뒷산에서 보았던 둥굴레가 가로수 밑에 다소곳이 앉아 있다. 둥굴레는 나를 고향 집 나지막한 뒷산으로 데려간다. 방울 모양의 하얀 꽃을 잎겨드랑이에 매달고 둥굴레가 몸을 흔든다. 큰길가에는 크고 작은 나무들이 사이좋게 산다. 키 큰 플라타너스가 쥐똥나무에 빛을 내어주고, 쥐똥나무는 아이비에 햇빛을 나누어 주고, 아이비는 몸을 낮추고 땅을 기어가면서 둥굴레에도 앉을 자리를 마련해 주었다.

매일 아침, 운동하고 올 때마다 둥굴레가 잘 있는지 들여다보곤 했다. 초여름 어느 날, 둥굴레가 누런 잎을 축 늘어뜨린 채 쓰러져 있었다. 누군가 뿌리를 뽑아가고 줄기만 던져 놓았나 보다. 둥굴레 뿌리 두 개로 무얼 하려 했을까? 차를 끓여 먹으려 했을까. 양식으로 쓰려 했을까. 둥굴레는 검은 손이 몸에 닿았을 때, 살려달라고 소리쳤을지도 모른다. 애처로웠다. 뿌리가 뽑혀 나간 땅속에 손을 넣어 보았다. 온기가 남아 있었다. 잘려 나간 뿌리 끝부분이 조금 남아 몸살을 앓고 있었다. 몇 발짝 걸어오다가 남천 밑에 숨어 있는 둥굴레 한 그루를 보고 안도했다. 이튿날, 그것마저도 뽑혀 나간 걸 본 나는 허탈했다. 길게 벋어 있는 가로수 길 아래를 죽 둘러보다가 희망을 보았다. 사람이 다니는 길 쪽에서는 잘 보이지 않는 차도 쪽으로 한 무리의 둥굴레가 나풀거리며 손을 흔든다. 얼마나 다행인가. 검은 손의 무딘 관찰력에 감사했다. 하마터면 모조리 뽑혀 나갈 뻔 하지 않았는가.

둥굴레는 도로변까지 와서 목숨을 부지하느라 갖은 고생을 다 했을 것이다. 도로 위엔 다음 신호를 기다리는 자동차들이 가쁜 숨을 내쉬며 가르릉거렸다. 매일 소음 속에서 매연을 마시며 잠인들 제대로 잘 수 있었을까. 낯선 땅에 뿌리내리느라 뼈를 깎는 고통을 참았으리라. 맑은 공기를 마시고 새들이 지저귀는 소리를 듣고 싶었겠지. 도라지 친구와 도란도란 이야기도 나누고 싶었으리라.

큰길가에서 고생하는 둥굴레는 경이 언니 같다. 언니는 이십 대 초반에 결혼한 뒤 남편을 따라 미국으로 갔다. 기댈 언덕도 없는 낯선 땅에서 외줄 타기를 하듯 언니는 갖은 고생을 다 하며 살았다. 세탁소를 하다가 슈퍼를 운영하기도 했는데, 슈퍼 할 때 가게에 강도가 들어 총을 맞았다. 다행히 목숨은 건졌지만, 얼굴에 흉터가 남았다. 그 후부터 언니는 항상 돌다리를 두드리며 건너듯 조심하고 늦은 밤에 귀가할 때는 집으로 곧장 가지 않고 다른 곳으로 빙 돌아서 갔다고 한다. 지금은 텍사스에서 잘 지내고 있다. 작년 겨울에 고향에 온 언니는 소화가 안 되어 힘들다고 했다. 큰 병이 났는지 걱정이 되어 병원에 갔는데 괜찮았다. 태어나서 산 고향에서보다 더 긴 세월을 타국에서 살았으니 언니는 오히려 고국이 낯설다.

옮겨 심은 모종 중에서는 난 자리에서 그대로 크는 모종보다 더 튼튼하게 자라는 것도 많다고 한다. 산을 떠나 도시 한복판에 살게 된 둥굴레가 길가 생활에 잘 적응하고 튼튼히 뿌리를 내려 자손을 퍼뜨리며 잘 살아가길 바라는 마음이 어찌 나 혼자만의 생각이랴. 자연은 우리에게 남겨진 마지막 구원의 보루다. 언니가 여러 어려움을 이기고 타국에서 단단히 뿌리를 내려 잘 사는 것처럼, 둥굴레가 길가에서도 잔병 없이 정착에 성공하기를 바란다.

탁란

멀리서 뻐꾸기 소리가 들려온다. 그 소리는 중학교 때 처음 들었던 요나손의 '뻐꾹 왈츠'를 떠올리게 한다. 하얀 발레복을 입고 음악에 맞추어 용수철처럼 튀어 오르며 경쾌하게 춤을 추던 친구의 모습은 한 마리의 새 같았다. 늦은 봄 아지랑이처럼 아련하고 은은한 아름다운 선율의 노래와 함께 뻐꾸기는 나의 가슴을 방망이질하며 파고들었다. '뻐꾹 왈츠'를 들으면 내가 마치 숲속에 들어와 있는 듯 기분이 상쾌해진다.

자연에 대한 다큐멘터리를 보다가 그동안 마음속에 간직하고 있던 뻐꾸기에 대한 환상이 깨졌다. 그토록 아름답게 느껴지던 뻐꾸기가 할미새나 붉은 오목눈이 같은 작은 새의 집에 몰래 알을 낳는다니. 자기 새끼를 다른 새가 품어 기르게 하는 얌체라는 것을 알고 난 뒤였다. 뻐꾸기는 작은 새의 품속에서 어미가 낳은 알보다 먼저 부화하고 알에서 나오자마자 다른 알들을 등으로 밀어내어 모두 떨어뜨린다. 둥지를 혼자 독차지한 뻐꾸기 새끼는 작은 할미새가 물어오는 먹이를 당연한 듯 받아먹는다. 뻐꾸기 새끼의 등에 떠밀려 둥지 밖으로 떨어져 산화되는 알들을 보며 어린 뻐꾸기의 잔인한 행동에 치를 떨었다. 제 몸보다 서너 배나 큰 뻐꾸기 새끼에게 먹이를 물어다 주느라 부리가 닳고 깃털이 다 빠지도록 애쓰는 할미새를 보면 무엇을 위한 헌신인가, 외경심마저 느낀다.

할미새가 뻐꾸기 새끼 기르는 것을 보면서 조손 가정의 할머니와 닮았다는 생각을 한다. 젊은 부모도 아이 키우기가 녹록지 않은데, 몸이 불편한 할머니가 손자 손녀를 보살피느라 애쓰는 모습은 보는 이로 하여금 안타까움을 자아내게 한다. 자기 아이들을 키우느라 늙고 기운 빠진 할머니는 손주를 먹이고 입히느라 힘들어한다. 또 점점 크는 아이를 보며 앞으로 어떻게 살아갈지 걱정이 떠나지 않는다. 힘겹게 살아가는 조부모와 아이들을 보는 사람들은 아이를 맡긴 젊은 부모가 못됐다고 말하지만, 그 나름대로 딱한 사정이 있으리라. 자기가 낳은 아이를 품에서 키우지 못하고 재롱을 보는 기쁨도 모른 채, 늙은 부모에게 맡기고 살아가는 젊은 사람의 마음이 편하기만 하겠는가.

쉰이 다 된 어떤 형제는 45년 전에 노르웨이 가정에 입양되었는데 친부모를 찾고 싶다며 고국을 찾아왔다. 그들은 부모를 찾으려고 백방으로 수소문했지만, 찾지 못하고 그냥 떠나야 했고, 안타까운 소식을 들은 사람들은 눈시울을 적셨다. 국외로 입양 갔던 아이들은 그 나라 사람들과 다른 자신의 모습을 보며 어떤 생각을 했을까. 국외 입양아가 양부모의 사랑을 받고 훌륭한 사람으로 자라기도 하지만 그렇지 못한 경우도 있다고 한다. 양부모가 사랑과 정성으로 양육하더라도 생김새와 피부색이 다른 사람들 속에서 자신의 정체성에 대해서 고민하며 살지 않았을까. 태어나자마자 어미가 누군지도 모른 채 다른 어미한테서 살아남아야 하는 기구한 운명에 놓인 뻐꾸기 새끼처럼 입양된 아이는 양부모의 눈에 들기 위해 얼마나 애썼을까.

뻐꾸기 소리를 들으니 어릴 때 생각이 나서 친구에게 전화했다. 그 친구와는 중학교 때부터 십여 년 동안 같이 학교생활을 했으므로 나와 공유하는 부분이 많아 가끔 지난 이야기를 한다. 어버이날 행사에서 뻐꾹 왈츠에 맞추어 춤추던 친구들의 모습이 생각나느냐고 했더니, 그 친구는 발레를 본 기억이 안 난다고 했다. 그 장면을 기억하리라고 생각했는데 아쉬웠다. 뻐꾸기는 어떤 새라고 생각하느냐고 물으니, "남에게 자기 새끼를 키우게 하는 못된 새"라고 말했다. 다른 아이들 가르친다고 아이들을 친정어머니께 키우게 한 네가 뻐꾸기를 나쁘다고 말할 수 있냐고 했더니, 그 말도 맞는다며 함께 웃었다. 직장에 다니느라 낮에는 아이들을 다른 사람에게 맡겼던 나도 반쯤은 뻐꾸기가 아니 겠는가.

　다른 새의 둥지에 알을 낳아 놓고 알이 무사히 잘 있는 지, 새끼가 잘 자라고 있는지 그 모습을 지켜보느라 멀리 날아가지 못하고 그 근처에서만 맴도는 새. 이리저리 쫓겨 다니면서 다른 둥지를 넘보는 뻐꾸기의 처지가 안쓰럽기도 하다. 뻐꾸기가 운다. 알이 걱정되어서 우는 것일까 낳아 놓기만 하고 키워 주지 못한 미안함과 서러움에 슬피 우는 가. 부모의 목소리라도 듣고 따라 해 보라고 우는 것일까. 오늘따라 뻐꾸기의 울음소리가 애잔하고 처량하게 들린다. 자식 키우는 어려움을 겪지 않고 살아가는 뻐꾸기는 몸은 편하겠지만 마음은 편치 않으리라. 뻐꾸기 새끼에게 몸이 부서지도록 온 힘을 쏟아붓는 할미새는 행복한 삶을 사는 것 같지 않은가. 먹이를 주고 날아오르는 작은 새의 힘찬 날갯짓을 보라.

박새

나는 새소리를 좋아한다. 새 중에서도 박새, 휘파람새, 방울새 등 작은 새 소리를 더 좋아한다. 아파트 일 층으로 이사 오자 집 앞에 서 있는 측백나무에 새집을 만들어 달았다. 새가 드나드는 걸 보려고 새집의 동그란 문이 우리 집 거실 쪽으로 보이도록 해 놓고 새가 와서 살기를 기다렸다. 산란기인 봄이 왔지만, 새들이 와서 근처 나무에만 머물다 갈 뿐 새집은 거들떠보지도 않는다.

집을 걸어 놓은 지 삼 년이 지난 봄, 기다리던 박새가 왔다. 뺨 둘레와 턱까지 구레나룻을 멋있게 기르고 까만 넥타이를 배꼽까지 늘어뜨린 박새 한 마리가 날아와 새집 위에 앉더니 집을 한참 들여다보고 들락날락하며 가늠을 보았다. 집이 마음에 들었는지 다른 박새 한 마리를 데려와 함께 집을 둘러보았다. 사람이 살 집을 마련하는 것처럼 집은 안전한지, 새끼를 키우기에는 적당한지 요모조모 재고 있었다. 새들은 집을 둘러본 뒤, 며칠 동안 입에 무언가를 물고 분주히 드나들었다. 반가웠다. 이제 새가 깃들이겠구나. 나는 새가 나타나면 하던 일도 멈추고 새를 한참씩 들여다보았다. 새가 드나드는 것을 동영상 촬영도 해서 여러 아이들에게 보여 주었다. 우리 식구는 새가 알 품는 데 방해될까 봐 그쪽 창문은 열지도 않았다. 창밖 화분대에 있는 꽃에 물을 줄 때도, 꽃밭의 풀을 뽑아줄 때도 새가 놀랄까 봐 발소리를 죽이며 걸었다. 새끼가 부화해서 크는 동안은 조심해야 하리라.

며칠이 지나도 새가 드나드는 기미가 없이 조용했다. 가끔 밖으로 나와서 먹이라도 물어 와야 할 텐데 움직임이 없다. '알은 몇 개나 낳았을까.' '지금 알을 품고 있을까.' 일주일쯤 지난 뒤 아무래도 이상해서 낮에 새집을 들여다보았다. 새집 안 바닥에는 녹색 융단을 펼쳐놓은 듯 마른 이끼만 가지런히 깔려 있었다. 새가 집을 꾸미다 말고 그냥 가 버린 것이다. 새의 신붓감이 이곳보다 좀 더 안전한 장소에 집을 마련해 보자고 한 모양이다. 오솔길 옆이라 가끔 사람들이 오가는데, 지나가던 사람의 발걸음 소리에 놀랐는지도 모른다. 집을 꾸미면서 처음에는 미처 몰랐던 단점을 알아내고 다른 곳으로 간 것 같다. 허탈했다. 새집은 꿈을 잃고 다시 빈집으로 남았다.

나는 새집을 분양하려다가 실패하고 업종을 바꾸기로 했다. 새집 근처에 먹이통을 매달고 무료급식소를 차렸다. 새들도 입소문이 빠른지, 금세 여러 종류의 새들이 몰려왔다. 박새, 곤줄박이, 붉은머리오목눈이, 어치, 멧비둘기까지 와서 먹이통 위에 앉는다. 며칠 동안 먹이통이 한가할 틈 없이 새들이 들락거렸다. 쌀, 보리와 들깨를 섞어 놓았는데 들깨만 먼저 줄어든다. 그걸 보면 새들도 고소한 들깨를 좋아하나 보다. 작은 새들이 와서 더 오래 머물기를 바랐지만, 멧비둘기가 와서 앉는다. 어느 때는 큰 어치가 날아와 혼자만 먹이통을 독차지하고 오랫동안 먹기도 했다. 어치가 앉으면 차마 쫓아내지 못하고 창문을 열고 인기척을 낸다. 어치는 한 번 돌려다 보고는 내가 멀리 있어 자신에게 해를 끼치지는 않겠다 싶은지 모르는 척 계속 먹는다. 욕심 많은 사람이 음식을 혼자 먹으려고 하는 것처럼.

  여러 마리의 새가 함께 와서 먹으라고 깨를 땅에 뿌려 주었다. 새들이 한꺼번에 몰려와도 널리 흩어져서 먹으니 서로 방해되지 않게 잘 먹었다. 우리 집 앞은 새 공원이 되었다. 새들이 먹이를 먹는 모습은 새에 따라 다르다. 큰 새는 먹이를 먹을 때 머리를 숙이고 계속 쪼아 먹기만 하다가 가끔 돌아보는데, 작은 새들은 한 번 먹고 뒤돌아보고 한 번 먹고 뒤돌아보고 양쪽을 번갈아 보느라 바쁘다. 힘이 약하니 먹으면서도 경계심을 늦추지 못하고 쉴 틈이 없다. 작은 새들이 살기 위해서 얼마나 애쓰는지 알 것 같다. 기름 짜려고 동생 집에 사 놓았던 들깨 한 말을 가져다 새의 먹이로 주기로 했다. 새소리를 들을 수 있다면 들깨 한 말 뿌려 준들 어떠랴. 매일 아침에 먹이를 준 뒤, 낮에도 수시로 뿌려 주었다. 새들이 미처 찾아 먹지 못한 들깨는 싹이 나기도 했다.

박새가 깃들이기를 포기하고 스무날쯤 지났을까. 박새가 먹이를 물고 왔다 갔다 하는 게 보였다. 먹이를 문 어미 새는 나무 건너편 바위 쪽으로 들어갔다. 어미 새가 나간 사이에 동그란 바위틈 작은 구멍을 손전등으로 비춰보았더니 깊숙한 곳에 둥지가 보였다. 그 안에는 어느새 회색 털이 성글게 난 어린 새 여러 마리가 몸을 옹크린 채 꼼지락거리고 있었다. 가장 안전한 바위틈 깊은 구멍에 둥지를 마련한 걸 보면, 박새는 어느 동물보다도 영리하다. 새는 아무리 급해도 먹이를 물고 와서 곧바로 둥지로 들어가지 않고 좀 떨어진 나무에 앉았다가 주위를 살핀 후 둥지로 들어간다. 이렇게 똑똑한 새에게 어느 누가 '새대가리'라는 말을 할 수 있겠는가. 제 자식 잘 키워 내보내는 영특한 새를 폄하하면 되겠는가. 제 한 몸 건사 못하는 어리석은 사람보다 낫다. 박새의 새끼들은 하루에 자기 몸무게만큼 먹이를 먹는다니 여러 마리의 새끼를 키우기 위해 어미 새는 얼마나 바쁘게 움직여야 할까. 우리 오 남매를 키우느라 고생하시던 부모님이 떠오른다.

박새가 숨넘어갈 듯 쯔삐 쯔삐 울며 이 나무에서 저 나무로 급히 오간다. 새에게 위기가 닥친 게 분명하다. 둥지 근처를 봤더니 검은 고양이 한 마리가 바위틈을 노려보고 있었다. 집밖에 검은 그림자가 어른거릴 때 깃털도 안 난 어린 새들은 두려움에 바들바들 떨고 있을 것이다. 새끼들에게 먹이를 먹여야 하는 어미 새는 어떻게 할까. 아군의 군량미를 운반하는 물자 이동 통로를 막고 있는 적의 힘센 군대처럼 여겨져서 고양이를 멀리 쫓아버렸다. 고양이는 도망가는 척하다가 다시 그 자리에 와 앉는다. 계속 지키고 있을 수도 없고 난감하다. 고양이도 고기를 먹고 싶겠지만, 나는 새 편이다. 어미 새가 해를 입으면 어린 새들은 살지 못할 텐데 걱정만 하는 수밖에 없었다. 한참 지난 후, 고양이의 날카로운 발톱도 두렵지 않은지 새가 먹이를 물고 집으로 재빨리 들어갔다. 몇 번 헛발질 끝에 온종일 새만 바라고 있을 수 없었는지, 죽음을 무릅쓰는 어미의 마음에 감동했는지 고양이가 슬쩍 자리를 비웠다. 그 사이 어미 새는 벌레를 물어다 새끼에게 먹이느라 문턱이 닳는다. 고양이도 어미 새의 자식 사랑에는 손들 수밖에 없었나 보다.

2부
신발 한 켤레

지금 나에게 없으면 안 되는 중요한 물건은 무엇이 있을까. 절실하게 묻고 가까운 것부터 생각해 나간다는 '절문이근사'라는 논어의 말을 떠올린다. 아무리 생각해도 어릴 때 잃어버렸던 새 신발처럼 절실했던 건 찾아내기 어려울 것 같다. 나의 소중한 재산 목록 1호였던 신발, 그것을 찾기에 온 힘을 기울이던 그때처럼 지금 나는 무엇을 찾기 위해 총력을 기울여야 할까.

사탕수수와 풋내

　지난 것들은 왜 모두 좋게 생각될까. 먹을 것이 풍족하지 못했던 시절에 대한 향수가 찔레꽃 향기를 타고 바람에 실려 온다. 해가 등을 따끈하게 데울 때쯤이면 통통하게 살이 오른 어린 찔레 순을 꺾으러 들로 나갔다. 가시덤불에 손이 찔려 피가 흘러도 아랑곳하지 않고 찔레를 꺾었다. 힘들게 꺾어 낸 찔레순의 달보드레한 맛은 입 안에서 조용히 잠자고 있던 혀를 간질였다.

　찬 바람이 누긋해지면 까치무릇꽃이 살포시 하얀 얼굴을 내민다. 메마른 잔디 위에 별 하나 떨어진 듯 까치무릇꽃은 활짝 피면 눈에 잘 띄었다. 까치무릇을 캐내면 작은 구슬 모양의 비늘줄기가 갈색 솜털 속에 숨어 있다. 껍질을 벗겨 내고 하얀 알맹이를 입에 넣으면 달고 아린 맛이 궁금하던 우리 입을 호사시켰다. 산에 있는 붉은 줄기의 수영은 보기만 해도 입안에 신맛이 감돌았다. 시디신 수영은 아이들 손에서 한참 유행하던 담배 껍도 되고 과자도 되었다. 우윳빛 목화꽃이 붉게 변해가기 시작하면 풀 방구리에 쥐 드나들 듯 목화밭에 들어가 어린 목화 다래를 따 먹었다. 어른들은 목화 다래가 어서 여물어 하얗게 피어나기를 바랐지만, 달금한 맛에 빠진 우리들은 그런 건 모르는 체했다.

새해 초에 형님 두 분과 싱가포르에 갔다. 자유롭게 다니는 여행이라 먹고 싶은 것을 마음껏 먹어 보기로 했다. 과일의 황제라는 냄새나는 두리안과 여왕이라는 망고스틴도 사 먹었다. 우리는 목마를 때마다 몸에 좋다는 코코넛 열매로 갈증을 풀었다. 가게에서는 코코넛 열매에 빨대를 꽂아 숟가락과 함께 주었다. 열매 안에 있는 물을 다 마시고 나서 껍질 안쪽에 붙은 고소한 맛이 나는 하얀 과육도 숟가락으로 파서 먹었다. 그 밖에도 겉모습이 화려한 용과, 털이 많은 람부탄 등 여러 가지 과일을 먹었지만 그 어떤 것도 사탕수수만큼 맛있지는 않았다.

시장에 있는 과일가게에서 우연히 사탕수수를 발견했다. 삼 년 전에 오키나와에 갔을 때 가게에서 사탕수수를 보고 단체 여행이라 그냥 지나쳤는데 집에 돌아와서도 사탕수수가 자꾸 눈에 밟혔다. 지난겨울 사탕수수를 구할 수 있을까 하고 인터넷을 뒤져보다가 어떤 집에서 먹으려고 심었다는 것만 알았다. 아직 씨앗이 우리나라에 있다는 것을 알고 올

봄에는 씨를 구해 고향 집에 심어 볼까 하던 중이었다. 타국에서 사탕수수를 보니 고향 까마귀를 만난 듯 반가웠다. 사탕수수는 우리 밭에서 자라던 것과는 달리 수숫대가 더 굵고 노르스름했다.

 나는 사탕수수를 보자마자 반가워서 얼른 사탕수수즙을 주문했다. 기다리는 동안 가게 안을 들여다보았더니 착즙기 아래로 사탕수수즙이 조르륵 흘러내린다. 군침이 꿀꺽 넘어갔다. 가게 주인이 잔에 가득하게 따라 준 즙을 한 모금 마셨다. 몸서리쳐질 정도로 다디달다. 오랜만에 먹어 보는 고향의 맛이다. 어머니가 먹게 해 주셨던 사탕수수를 반백 년이 지나 다시 먹어 본다. 얼마나 먹어 보고 싶었던가. 예전에 먹었던 것들을 다시 먹으면 그때 맛이 안 나서 실망하는데 지금 먹은 사탕수수즙은 그렇지 않다. 어릴 때 먹던 것보다 더 달다. 음식은 입맛으로만 먹는 게 아니라 마음으로 먹지 않는가. 사탕수수즙에서 올라오는 풋내가 나를 어린 시절로 데려다 놓는다.

 어머니는 해마다 봄이 되면 사탕수수를 심으셨다. 모기가 극성을 부릴 때쯤 사탕수수 이삭이 살짝 고개를 숙이면 곧게 자란 사탕수수를 베어다가 마디마디 잘라 놓는 일은 어머니 몫이었다. 어머니가 껍질을 벗겨 주기도 했지만, 우리 오 남매는 그사이를 기다리지 못하고 잘라 놓은 사탕수수를 한 도막씩 집어 든다. 다 고만고만하지만 좀 더 굵은 도막부터 먼저 가져간다. 그때부터 우리 입은 칼도 되고 가위도 된다. 앞니로 껍질을 물고 죽 잡아당기면 질긴 껍질이 벗겨지고 연녹색 속 줄기가 나온다. 사탕수수 줄기를 한 입 깨물면 풋내와 함께 입안에 가득 단물이 고인다. 어떤 아이스크림이 그리 맛있을까. 가끔 사탕수수 껍질에 입술을 베이기도 했지만, 마냥 즐거웠다.

나는 풋내 나는 것들을 좋아한다. 밭에서 금방 따 온 옥수수를 찐 뒤 솥뚜껑을 열 때 풍겨 오는 냄새가 그립다. 아궁이에 풋장을 넣고 불을 지필 때 나오는 냇내도 사랑스럽다. 햅쌀밥 천신하려고 풋바심한 쌀로 갓 지어 낸 밥에서 모락모락 올라오던 풋내는 생각만 해도 가슴이 뛴다. 어린 시절 내가 좋아하던 것들을 지금 가까이할 수는 없지만 살면서 가끔 만나는 고향 냄새가 나를 행복하게 한다.

남 말

　다른 사람이 나를 생각하면 어떤 말이 떠오를까. 나를 기억하고 있는 분들 마음에 떠오르는 낱말이 좋은 말이었으면 좋겠다. 하지만 그게 마음대로 되는가. 남들로부터 좋은 평가를 받고 싶은 욕심이 어찌 나 혼자만의 욕심이랴. 인간에게는 본래 인정 욕구가 있지 않은가. 나에 대한 평가는 그동안 내가 해온 말과 행동의 결과로 나타나는 게 아니겠는가.

　내가 버스를 타고 여행 가던 어느 날이었다. 우연히 지인인 김의 옆에 앉게 되었다. 이야기하다 보니, 김과 내가 알고 있는 사람 중에 옥이라는 사람의 이야기가 나왔다. 김은 옥을 생각하면 '욕심'이라는 낱말이 제일 먼저 떠오른다고 했다. 옥은 욕심이 지나쳐서 도리에 어긋나는 일을 여러 번 했다고 한다. 나도 같이 맞장구치며 이야기하다가 잠시 나를 돌아보게 되었다. 나는 남의 말을 할 자격이 있는가.

　대중 매체가 발달한 요즈음은 누군가가 다른 사람의 잘못이나 비밀을 알게 되면 금세 소문을 퍼뜨린다. 어떤 사람은 한 연예인의 어린 시절 얼굴과 현재 달라진 점을 찾아내어 알린다. 연예인들의 성형 의혹 사진은 이제 애교로 볼 수 있을 정도다. 어떤 사람은 아무 사이도 아닌 연예인끼리 결혼식을 올렸다고 글을 올리기도 하고, 잘 살고 있는 사람들을 헤어졌다고 소문내기도 한다. 처음 글을 올린 사람은 대단한 일이라도 한 양 떠벌리고, 그것을 본 사람들은 사실 확인도 하지 않은 채 퍼 나른다. 소문은 꼬리에 꼬리를 물고 누군가가 덧붙인 말까지 사실인 양 각색되어 끝없이 번진다. 이야기 속의 주인공은 걷잡을 수 없이 퍼져 나간 뒤에야 상황을 알게 되고, 그 일로 인해 우울증에 빠지거나 견디다 못해 목숨을 버리기도 한다. 어찌 연예인뿐이랴, 일반인에게도 그런 일이 종종 생긴다. 장난으로 던진 돌이 개구리를 죽이는 것과 무엇이 다른가.

　세 사람이 호랑이를 만든다고 한다. 한 사람이 호랑이가 나타났다고 말하면 믿지 않지만 세 사람이 연이어 말하면 믿게 되는 것처럼, 거짓말이라도 여러 사람이 이야기하면 믿게 된다. 요즘 사람들 중에는 평범하고 변화가 없는 진실을 지루하게 생각하여 재미를 느끼기 위해 거짓말을 만들어 내는 사람도 있다. 단순히 사람들에게 흥밋거리를 주기 위해 있지도 않은 일을 만들어 낸다는 게 있을 수 있는 일인가. 인터넷 카페에서 보면 자신에 대한 말을 누가 한마디만 해도 듣기 싫어하며 금세 심한 말로 댓글을 단다. 남의 말을 쉽게 하는 사람이 자신에게 하는 말을 더 못 견디는 것 같다.

옛날 어른들은 생각이 깊었다. 남을 생각해 주고 배려해 줄 줄 알았다. 내가 중학교에 다닐 때, 친척 할머니가 생필품을 팔러 다녔다. 물건값이 비쌌지만, 우리 집에서는 그분이 가지고 온 물건을 사곤 했다. 읍내 학교에 다니던 나는 어른들이 값을 모르고 속는 것 같아서 그 물건을 사지 말고 시장에서 사자고 부모님께 말씀드렸다. 아버지는 모르고 속는 사람들이 불쌍하지, 알고 속아주는 것은 괜찮다고 했다. 좀 비싸더라도 어려운 사람을 도와줄 목적으로 갈아주는 거라고 하셨다. '알고도 속는다.'는 말을 다 이해할 수는 없었지만 좁은 소견에 아는 체했던 나는 부끄러워서 고개를 들 수 없었다. "어떤 사람에게 잘못한 일이 있을 때 그 자리에서 하나하나 따져 바로 잡으려 하지 마라. 때로는 알고도 모르는 척 그냥 넘어가야 할 때도 있지." 아버지가 어렸을 때 있었던 일이라며 다음 이야기를 해 주셨다.

흉년이 들어 살기가 어려웠던 어느 해 가을이었다. 비가 내려 콩 타작을 못 하고 콩동을 묶어 밭에 세워 둔 채 날이 들기만을 기다리는 중이었다. 대문간에서 밖을 내다보던 고모의 눈에 큰 콩동이 조금씩 움직이는 게 보였다. 그 콩동은 밭둑으로 나가더니 지게에 얹혀 길을 건너 어느 집 사립문으로 들어갔다. 그것을 본 식솔로부터 그 말을 전해 들은 할아버지는 "얼마나 어려우면 콩동을 가져갔겠느냐. 아무도 그 일을 입 밖에 내지 말라"고 당부했고 식구들은 할아버지 말씀을 지켰다. 다행스럽게도 콩동을 가져간 사람은 그 후로 그런 짓을 하지 않고 성실하게 살았다고 한다. 그 사람을 도둑이라고 소문냈다면 어떻게 되었을까. 하루가 다르게 변하는 지금과는 환경이 달랐다 하더라도 옛날 어른들은 생각이 깊었다. 다른 사람의 잘못이 있을 때 곧바로 응징하는 요즘 사람들과는 달리 사려 깊게 행동했다.

나는 가끔 남 말을 할 때가 있다. 남의 행동이나 말이 잘못이라고 생각되거나 내 마음에 들지 않을 때 그 사람에 대한 말을 하게 된다. 그 대상은 직장 상사나 동료, 또는 친구가 되기도 한다. 남의 험담을 한 날은 공허하고 마음이 불편해서 다음에는 남 말을 하지 말아야겠다는 생각을 하지만 잘 지켜지지 않는다. 내가 한 일도 마음에 들지 않을 때가 많은데, 남의 언행이 내 마음에 들기를 바란다는 게 얼마나 어리석은 일인가. 세상에서 일어나는 일 중에는 말조심하지 않아서 생긴 일이 얼마나 많은가. 내가 어릴 때 동네 사람이 남의 흉을 봤다가 무릎맞춤하는 걸 본 적이 있다. 한 번의 말실수로 오랫동안 쌓았던 공을 단번에 날려버린 사람들이 얼마나 많았던가.

사람들이 잠시 참지 못하고 남의 말을 해서 곤혹스러워했던 일들을 반면교사로 삼아야 하리라. 어쩌다 남 말을 하고 싶은 마음이 들면 나를 잘 다스릴 수 있을까 걱정이다. 조상의 너그러움과 삶의 지혜를 따르기에는 매우 부족한 사람이기 때문이다. 남을 비판하고 싶어질 때 아버지의 말씀을 떠올리며 남의 허물을 눈감아 주고 알면서 속아 주는 여유가 내게는 언제쯤 다가올까.

먹구름

　한낮인데도 어두컴컴하다. 하늘에 구름이 잔뜩 끼어 불을 켜지 않으면 사물을 분간하기 어렵다. 나의 어린 시절에도 오늘처럼 구름 낀 날이 있었다. 짙은 회색으로 칠해진 그림 한 장. 초등학교 삼 학년 때, 여학생들만 있는 우리 반에는 다른 아이들보다 두세 살 위인 억선이라는 키 크고 기운이 센 여자아이가 있었다. 오뉴월 하루 볕이 다르다더니 두세 해 차이는 넘을 수 없는 두꺼운 벽이었다. 그 아이는 제 마음에 안 들면 자기보다 약한 아이들을 꼬집고 때리고 티 나지 않도록 교묘하게 괴롭혔다. 나는 특별히 저항하지도 않았지만, 그 애는 나를 은근히 괴롭혔다. 나는 괴롭힘을 당하면서도 아무런 대항도 할 수 없었다. 설령 선택할 기회가 주어졌다 하더라도 결과는 같겠지만, 여러 가지 이유로 나는 그 아이와 다른 편으로 이미 나뉘어 있었다.
　쉬는 시간에 옆에 있던 반 친구가 억선이가 전학 갔으면 좋겠다는 말을 꺼냈다. 그 말을 들은 나도 그 애 말에 철없이 맞장구쳤다. 낚싯밥을 덥석 물었다가 끌려가는 붕어처럼. 그게 얼마나 큰 실수였는지를 깨닫기까지는 오랜 시간이 걸리지 않았다. 무엇을 바라는지 어리석은 검정새치는 내 옆에도 숨어 있었다. 쉬는 시간에 억선이는 도끼눈을 뜨고 매섭게 나를 노려봤다. 그 아이의 눈에서 불꽃이 튀었다. 아차, 싶었지만 이미 엎질러진 물이었다. 겁이 더럭 났다. 집으로 가는 갈림길에 이르렀을 때 그 애의 부하 노릇을 하는 아이들 대여섯 명이 떼 지어 몰려와서 나를 때렸다. 그 아이들도 억선이가 시키는 일을 어쩔 수 없이 하는 터라 심하게 때리지는 않았지만, 나는 억울하고 분해서 며칠 동안 혼자 끙끙 앓았다. 선생님께 이를까, 부모님께 말씀드릴까 생각하다가 그만두었다.

우리 집은 학교에서 가까웠다. 그 아이와 같이 있는 학교생활 이외에도 내가 집에 오면 즐겁게 지낼 일은 많았다. 집에 오면 우리 마당에서 아이들과 고무줄넘기도 하고, 공기놀이도 하며 놀다 보면 그 아이와의 일은 까맣게 잊고 지냈다. 산과 들은 내 놀이터였다. 그곳에는 신기한 동식물이 많았다. 뒷산에 가서 휘파람새의 고운 노랫소리를 들으면 내 마음은 깃털처럼 가벼워졌다. 뒷산에는 소나무와 떡갈나무, 상수리나무 등 여러 가지 나무가 자라고, 그 아래에는 명감덩굴이 나무를 감고 올라가고 외꽃 버섯이나 취나물 등 갖가지 키 작은 식물들은 납작 엎드려 있었다. 작은 떡갈나무가 다보록한 곳에는 어린아이 주먹만 한 새 둥지도 숨겨져 있었다. 새집은 마른 풀잎 같은 것들로 촘촘하게 엮어 놓아서 마치 성글게 짜 놓은 삼베를 여럿 겹쳐 놓은 것 같았다. 금방 낳았는지, 새 둥지 안에 들어 있는 십 원짜리 동전만 한 알은 새의 체온이 그대로 남아 있어 따뜻했다. 새알을 손바닥에 올려놓았다가 둥지에 도로 넣었다.

나는 양지바른 곳에 피어 있는 패랭이꽃을 보며 동시를 끼적이기도 했다. 동시를 잘 쓰고 싶었지만 틀에 갇혀 있어 좋은 생각이 나지 않았다. 꽃의 겉모습을 보고 다른 꽃과 크기와 색깔만 비교하게 되고 시상이 안 떠올라 매우 답답했다. 그럴 때면 애면글면하지 말라고 산이 나에게 작은 선물 보따리를 내밀었다. 소중한 것을 싼 듯 오각 주머니 모양으로 부푼 도라지 꽃봉오리다. 그것은 안에 무엇이 들어 있는지 끌러 보고 싶은 마음을 불러일으켰다. 그 주머니는 시장에서 집으로 돌아오는 어머니 머리에 이고 온 보따리 같았다. 보라색 보따리를 풀면 쌉싸래한 도라지 향기가 코를 자극했다. 산기슭 양지바른 곳에는 멍석딸기가 빨갛게 익어서 오라고 손짓했다. 그때 아이들 사이에 자주 불리던 산딸기 노래를 부르면서 새콤달콤한 딸기를 따 먹기도 했다.

    산딸기 있는 곳에 뱀이 있다고
    오빠는 그러지만 나는 안 속아

내가 따라갈까 봐 그러는 게지

　억선이의 집은 학교에서 멀었다. 그 애와 같은 동네에 사는 아이들은 어쩔 수 없이 함께 오가느라 가시 굴레에서 벗어날 수 없었다. 제 가방 들고 다니기도 힘겨운 키 작은 아이는 억선이의 가방을 낑낑대며 들어다 주고, 또 다른 아이들은 제가 먹기에도 모자란 것을 그 애에게 가져다주느라 바빴다. 반 아이들 누구도 억선이에게 변변히 대항하지도 못하고 속수무책으로 당하고만 있던 가을 어느 날, 꿈같은 일이 일어났다. 그 애가 서울로 전학 간다는 것이다. 나는 너무 좋아서 하마터면 만세를 부를 뻔 했다. 그 아이가 떠난 뒤에 우리 반에는 오랜만에 평화가 찾아왔다. 날아갈 것 같은 기분으로 지내던 얼마 뒤 또 다른 소식이 들려왔다. 그 아이가 전학 간 게 아니라 남의집살이를 하러 갔다고. 미웠던 그 아이지만 잘됐다는 생각과 안쓰러운 마음이 교차했다.

　요즘 학생들이 친구들로부터 따돌림이나 폭력을 당하여 견디기 힘들어하고 심지어는 극단적인 선택을 하는 것을 보면 어릴 적 힘들었던 날들이 생각난다. 폭력은 가까이 있는 사람들로부터 시작되니 피하기도 어렵다. 우리가 어릴 때는 학교 파하면 모두 집으로 가고 반 친구들과는 떨어져 지낼 수 있어서 방과 후에는 영향을 받지 않았다. 요즘은 휴대전화기가 있어서 수업이 끝나도 언어폭력에서 벗어나기가 어렵다. 통계를 보면 폭력 중에 가장 큰 비중을 차지하는 게 언어폭력이라지 않는가. 폭력을 행사하려는 비뚤어진 아이가 있을 때 같은 학교나 학원에 다니지 않도록 하면 좋겠지만, 그게 말처럼 쉬운가. 다른 사람으로부터 괴롭힘을 당하는 사람을 주변에서 보면 가해자로부터 떨어뜨려 놓고 피해당한 사람의 심적 고통을 들여다보고 도와주어야 하리라. 그래야 피해자가 고통에서 빨리 벗어날 수 있지 않겠는가.

 구름이 끼어 있으면 주변이 어둡다. 그 어두움은 많은 사람을 힘들게 한다. 그러나 한곳에 머물기만 하는 구름은 없다. 바람이 불면 구름은 걷히게 마련이고, 구름이 걷히면 밝은 햇살이 비치지 않던가. 자연히 구름을 흩어지게 하려면 시간도 오래 걸리고 피해자가 어려운 시간을 보내게 된다. 그런 시간이 계속되면 피해자는 참지 못하고 극단적인 생각을 하기도 한다. 친구든 어른이든 주위에 있는 사람들이 바람이 되어 먹구름을 흩어지게 하고 멀리 날려 보내어 새로운 환경을 만들어 주어야 하지 않겠는가.

신발 한 켤레

　소중한 물건을 잃어버리는 일은 주인이 조심하지 않아서 그렇다고 말하지만 그렇지 않을 때도 가끔 있다. 동생 구두를 잃어버린 알리는 가난한 부모님이 새 신발을 사 줄 만한 경제력이 안 된다는 걸 알고 부모님께 꾸중 들을까 봐 말도 꺼내지 못하고 한 켤레밖에 없는 운동화를 동생과 번갈아 신는다. 기본적인 욕구조차 충족하지 못하는 가난한 가정의 남매는 닳아 떨어진 낡은 운동화를 신고 옷에서 휘파람 소리가 나도록 골목길을 달린다. 이란 영화 '천국의 아이들'의 한 장면이다.

　우리나라도 이 영화에서보다 더 어려웠던 때가 있었다. 그때는 신발이 발을 보호하는지 사람이 신발을 보호하는지 모를 만큼 신발을 아꼈다. 어떤 아이는 신발이 닳을까 봐 들고 다니다가 사람들이 보이면 얼른 신발을 신었다고 한다. 잔칫집에서도 신발을 잃어버리는 일이 종종 있었다. 새 신발을 신고 여러 사람이 모이는 곳에 가면 헌 신발과 바꿔 신어 가기도 했다. 사람들은 신발을 잃어버리지 않기 위해 신문지에 싸거나 봉투에 넣어 보물 꾸러미 들고 다니듯이 방까지 가지고 들어가서 상 밑에 놓고 밥을 먹기도 했다. 불결하기 짝이 없는 일이었으나, 위생 문제까지 생각할 겨를도 없이 오로지 신발을 잘 간수하는 게 중요했다. '천국의 아이들'이라는 영화를 보니 어린 시절에 신발을 잃어버렸던 일이 생각났다.

초등학교 3학년 여름, 나는 리본 달린 새 신을 신고 학교에 갔다. 그날 오후 수업이 끝나고 아직 한글을 잘 모르는 옥이에게 책 읽는 걸 도와주고 있었다. 나보다 세 살 위인 옥이는 덩치가 컸지만 어려서 어머니를 여의고 남의집살이 하느라 한글을 못 배웠다. 반 아이들이 모두 집에 돌아간 뒤라 텅 빈 신장에는 내 꽃신과 어머니 신처럼 코가 뾰족한 옥이의 고무신만 나란히 놓여 있었다. 지나가던 사람이 신발장을 본다면 어른과 아이가 안에 있을 거라고 생각했을 것 같다. 나는 화장실 다녀올 때도 새 신을 한 번 더 들여다보고 교실로 들어갔다. 새 신을 신고 집에 갈 생각을 하니 내 얼굴에 웃음이 번졌다.

공부가 끝나고 복도로 나왔을 때 나는 깜짝 놀랐다. 새 신은 온데간데없고 그 자리에는 뒤축이 닳아 떨어진 고무신 한 켤레가 놓여 있었다. 눈앞이 캄캄했다. '새 신을 잃어버렸으니 어떻게 하지. 부모님께는 무어라고 말할까.' 신발 간수를 못 해서 잃어버렸다고 야단맞을 것 같았다. 나는 그만 엉엉 울었다. 마침 교실 옆 공터에서 고무줄놀이하던 아이들이 와서 왜 우느냐고 물어서 새 신발이 없어졌다고 말했다. 그 아이들은 같이 놀던 도자가 먼저 집에 갔으니 그 아이 집에 가 보라고 했다. 고무줄놀이할 때 그 아이의 신발이 자꾸 벗겨져서 맨발로 했는데, 이웃에 사는 친구가 더 놀다 같이 가자고 해도 먼저 가 버렸다고 한다. 신발장에 있는 남아 있는 헌 신발이 도자 것 같다며 나를 안심시키고 그 애네 집 가는 길을 자세히 알려 주었다.

어쩌면 신발을 찾을 수도 있을 것 같았다. 집이 멀고 낯선 길이기도 했지만, 헐떡거리는 낡은 신발을 질질 끌고 가느라 시간이 오래 걸렸다. 그 애 집을 찾아가기 시작했을 때는 신발을 찾을 수 있을 거라는 기대에 부풀어 있었다. 그러나 걸어가면서 걱정이 앞섰다. 그 애 엄마가 새 신발을 사 주었다고 말하면 어떻게 할까. 나는 어른의 말에 맞설 만큼 당차지 못하니 고생만 하고 속상한 마음을 안고 집에 가게 될지도 모른다. 멀리 그 애 집이 보이기 시작하자 가슴이 두근거렸다. 멀리 원정 와서 응원단도 없이 혼자 외롭게 경기하는 외국 선수처럼, 혼자 힘으로 내 신발을 찾을 거라는 기대는 점점 희미해졌다.

작은 집에는 우리 할머니와 비슷하게 나이 들어 보이는

분이 있었는데, 뻐드렁니에 주름이 자글자글한 그분은 그 애 어머니였다. 내가 인사를 한 후, 도자와 같이 놀다가 신발이 바뀐 것 같다고 말했다. 그 말을 하는데도 내 가슴은 조마조마했다. 다행스럽게도 그 애 엄마는 며칠 전부터 막내딸이 신발을 사 달라고 졸랐는데 못 사 주었다며, 내가 신은 신발이 자기 딸의 것이라고 했다. 한 시간쯤 기다리자 그 애가 깡충깡충 뛰어왔다. 내가 찾아온 줄도 모르고 새 신을 신고 마음껏 뛰어다닌 것 같았다. 자기 신발인 줄 알고 신었다며 물에 젖은 신발을 순순히 벗어 주었다. 내 마음은 사 온 신발을 처음 받아들었을 때보다도 더 반가웠다. 내 신발 바닥 중앙에 그려진 빨갛고 동그란 상표는 '새 신'이라고 말하는 듯 반짝였다.

새 신발은 발에 착 달라붙어 걷기에 편했다. 길가 풀숲에서 신발을 벗고 물을 떨어냈는데도 물기가 조금 남아 걸을 때마다 뽀드득뽀드득 소리가 났다. 호젓한 산길을 걸어오는 동안 그 소리가 길동무를 해 주어 외롭지 않았다. 날이 저물어 가고 있었지만 잃어버렸던 신발을 찾아 신고 오는 내 발걸음은 바람을 타고 날아가는 깃털처럼 가벼웠다. 어찌 그날을 잊을 수 있겠는가. 새 신발은 내 성장통의 기록이었다. 생의 무늬인 명암을 어렴풋이 알게 된 것도 그때였다.

지금 나에게 없으면 안 되는 중요한 물건은 무엇이 있을까. 절실하게 묻고 가까운 것부터 생각해 나간다는 '절문이근사'라는 논어의 말을 떠올린다. 아무리 생각해도 어릴 때 잃어버렸던 새 신발처럼 절실했던 건 찾아내기 어려울 것 같다. 나의 소중한 재산 목록 1호였던 신발, 그것을 찾기에 온 힘을 기울이던 그때처럼 지금 나는 무엇을 찾기 위해 총력을 기울여야 할까.

족두리

신부가 환하게 웃으며 식장으로 들어온다. 곱디곱다. 다홍색 비단에 연꽃, 모란꽃, 십장생 등을 수놓은 활옷을 입고 머리에 쓴 화관에는 꽃과 나비 등 고운 장식이 반짝이며 달랑거린다. 운현궁 마당에서 치르는 혼례식이다. 신랑이 붉은 보자기에 싼 기러기를 신부 어머니에게 전한다. 사랑의 약속을 영원히 지키며 기러기처럼 금실 좋게 잘 살겠다는 무언의 약속이다. 신랑과 신부가 입은 옷차림과 행동에는 온갖 좋은 의미가 다 들어 있다. 혼례 절차가 번거로운 전통 혼례식을 하는 젊은이들이 대견해서 한껏 손뼉을 쳐 주었다.

친정집은 종갓집이어서 여러 가지 공동 물건을 보관했다. 혼례나 상례에 사용되는 큰 상, 제기, 차일, 혼례용품 등이 있었다. 그중에서도 가운데가 모자처럼 불룩 나온 나무상자에 관심이 갔다. 할머니는 가끔 그 상자에 있는 것들을 그늘에 내어놓고 통풍시켰다. 상자 안에 들어 있던 것들을 꺼내 놓으면 원삼과 족두리, 큰머리, 댕기와 비녀, 사모와 단령, 각대, 까만 목화와 나무로 만든 기러기 등이 있었다. 그것들은 혼례 때 쓰는 물건일 뿐이었지만, 여러 사람의 혼이 서린 듯 신령스럽기도 하고 약간 두려운 느낌이 들기도 했다. 내가 여자라서 그랬을까. 그중에서도 내 눈길을 끈 건 원삼과 족두리였다. 둥근 깃에 옷자락이 연두색으로 된 원삼의 소매 끝부분은 색동으로 되어 있고 소맷부리에는 하얀색의 넓은 한삼이 늘어져 있는 게 멋있었다. 까만 족두리에는 작고 알록달록한 장식들이 빼곡하게 달려 있다. 가는 은실로 만든 용수철 끝에 달린 떨새는 살짝 건드리기만 해도 바르르 떨었다. 낯선 집에 갓 시집온 새색시처럼. 보석을 모르던 나의 눈에는 족두리 위에 달린 장식들이 세상의 어떤 것보다도 고와 보였다. 족두리에서는 퀴퀴한 냄새가 났지만, 신비스러움 때문에 그 냄새조차도 친근하게 생각되었다.

작은할머니 댁에서 며느리를 맞이하던 모습이 떠오른다. 딸을 여읠 때는 조촐하게 혼례를 치르는 데 반해 며느리를 맞을 때는 며칠씩 잔치를 했다. 신부가 신랑 집에 도착하면 신부를 양쪽에서 부축하여 맞아들이고 쩔쩔 끓는 아랫목에 두툼한 방석을 깔고 그 위에 앉힌다. 신부는 다리가 저리면 가끔 다리를 펴고 주무르기도 하고 잠깐 뒤뜰에 나가 바람을 씌기도 했지만, 얼마나 힘들었을까. 방에 들어오는 사람들마다 신부를 빤히 들여다보고, 어떤 사람은 일부러 신부에게 말을 걸어 난처하게 하기도 한다. 저녁이 되면 결혼을 축하한다고 식을 했다. 동네 사람들이 모여 거울, 액자 등을 가지고 와서 신랑 신부에게 선물 증정을 했다. 선물을 순순히 주지 않고 장난을 친다. 신랑 신부 앞에 마주 서서 선물을 내밀었다가 신부가 받으려고 손을 뻗으면 마을 청년은 도로 가져가고 줄 듯 말 듯 하면서 여러 번 놀렸다. 마을 사람들이 신랑 신부에게 노래를 시키기도 했는데 '꿈에 본 내 고향'과 '유정천리'를 자주 불렀다. 그 노래는 축하 분위기와 어울리지 않는 노래였지만 사람들은 아랑곳하지 않고 불렀다.

이튿날에 있는 혼수 보기는 흥미로웠다. 사람들은 짐을 풀어놓기도 전에 집 한쪽에 쌓여 있는 짐의 수를 보고 혼수가 많으니 적으니 수군댄다. 일가친척들이 호기심 어린 얼굴로 장롱 둘레에 죽 둘러앉으면 시어머니는 신부의 혼수를 보여 주었다. 지금 생각하면 며느리의 혼수를 시어머니가 공개하는 일이 있을 수 없는 일이지만 그때는 그렇게 하는 것을 당연하게 여겼다. 먼저 이불장을 열고 이불 몇 채를 해 왔다고 말한다. 이불장 안에는 동그란 원통형의 베개와 함께 사각 모양의 긴 베개가 꼭 들어 있었다. 양쪽 끝에 두 마리의 봉황과 일곱 마리의 새끼 봉황을 수놓은 '구봉침'이라는 그 베개는 대대손손 번성하라는 의미가 담겨 있다고 한다. 신랑 신부가 그 베개를 함께 베고 잠을 편히 잘 수 있었을까.

　다음에는 옷장을 열고 맨 위의 옷부터 차례로 장롱 앞에다 내어놓으며 치마저고리 몇 벌, 버선 몇 죽 하고 세며 꺼내다가 맨 아래 하얀 소창이 나오면 혼수 보여주기가 끝났다며 양손을 번쩍 드시고 맨 나중에 나온 것부터 차례로 장롱에 넣었다. 하얀 소창이 어디에 사용되는지 알게 된 것은 세월이 많이 흐른 뒤였다. 신부가 가져온 혼수가 많으면 시어머니는 흡족해서 싱글벙글하며 점점 흥이 나서 혼수품을 꺼내는 손놀림이 빨라진다. 반면 혼수가 적으면 섭섭한 기색이 역력하고, 혼수 볼 필요 없다며 "시집올 때 가져온 것 가지고 평생 사느냐, 제 복이 있으면 혼수 못해 와도 잘 살더라."라고 말하며 장롱 문을 열다 말고 닫는다. 가까운 사람들은 신부의 친정 형편에 따라 옷이나 이불, 버선 한 켤레를 받는 날이기도 했다. 혼수를 적게 해 온 새댁은 그녀의 참모습을 가족들이 알게 되기까지 한동안 기를 못 펴고 지낸다.

　새댁이 시댁 생활에 익숙해질 즈음, 일가들이 어디에 살고 있는지 알려 줄 겸 새색시를 초대한다. '반살미'라고 하는 이 풍속을 우리 마을에서는 '쥐 바람 쐬기'라고 했다. 이때는 초청한 집 식구 중의 한 사람이 가서 신부를 데려온다. 고개 너머에 살고 있는 친척 중 세 집이 같은 해 가을에 모두 며느리를 맞이하였다. 새댁들을 내가 가서 모셔왔는데 이들은 삼종숙모와 재종형님이 두 분이었다. 이틀 동안 작은할머니 댁 두 집에서 돌아가면서 음식 대접을 하고 종가인 우리 집에서 신부 셋이 하룻밤을 보냈다. 저녁에 밤참을 먹으면서 새댁들이 조심스럽게 수박 겉핥기식 얘기를 했다. 요즘이야 먹으면 살찐다고 밤참을 꺼리지만 그때만 해도 떡, 과일, 한과, 식혜 등을 준비해 놓았다가 꼭 상을 들이곤 했는데 골고루 준비하는 게 손님을 잘 대접하는 거로 생각했다. 신랑도 없이 새댁만 남의 집에서 하룻밤을 묵는 게 쉬운 일은 아니겠지만, 시집오면 누구나 겪어야 하는 일이었다.

세월이 흐르면서 결혼 풍속도 많이 달라지고 있다. 전통 혼례든 신식 결혼식이든 남녀가 만나 하나의 가정을 이루는 의식이라는 점은 옛날이나 지금이나 다를 바 없다. 그런데 점점 간소화되고 흥미 위주로 가는 요즘 결혼식을 보면서 시간이 적게 걸리고 재미있어 좋지만, 너무 절차를 생략하다가 우리의 소중한 정신적 유산을 잃는 게 아닌가 생각된다. 옛것들이 더욱 아름답게 느껴지고 사라져 가는 것들을 보고 안타까워하는 건 마냥 즐거웠던 어린 날들을 소중하게 간직하고 싶은 나만의 이기심일까.

보물

요즘 아이들은 신기한 장난감을 많이 가지고 있다. 인형, 자동차, 살아 있는 듯한 동물 등을 가지고 논다. 아이들이 있는 집에는 어디나 장난감이 넘친다. 내가 어릴 때 아이들은 자연에서 놀잇감을 찾았다. 그러다 보니 애꿎은 식물이나 작은 곤충들을 괴롭히는 것을 재미라고 여겼다. 그때는 모든 식물과 동물이 사람을 위해서 있는 것이라 생각하고 죄의식을 느끼지 않았다. 메꽃이나 호박꽃에 개미를 잡아넣어 위쪽을 오므려서 들고 다니며 개미가 이리저리 움직이느라 꽃의 색이 변하면, 호롱불이라며 들고 다녔다. 아카시아 잎이 무성해지면 잎을 따서 한 손으로 줄기를 잡고 다른 손 집게손가락으로 쳐서 누가 먼저 잎을 떨어뜨리는지 놀이도 했다.

여름이 되면 삼밭에는 사람 키 높이보다 더 크고 곧게 자란 삼나무가 가득했다. 어른들은 그것을 베어서 잎을 떼어 내고 삼굿에 삼을 쪄냈다. 삼 껍질은 벗겨서 길쌈하는 데 쓰고 속 줄기를 말린 겨릅대는 닭이 들어가지 못하도록 밭 가장자리에 치는 바자를 만들거나 땔감으로 썼다. 아이들 은 그것으로 매미채를 만들었다. 겨릅대의 위쪽 가는 줄기 를 구부려 동그란 테를 만들어 삼 껍질로 묶고 그 테에 거 미줄을 여러 겹 촘촘히 감아 완성하면 매미채는 훌륭했다. 대나무로 만든 매미채보다 겨릅대로 만든 것은 가벼워서 들고 다니기에 좋았지만, 잘 부러지는 게 흠이었다. 매미채 를 들고 매미가 울고 있는 소나무에 살금살금 다가가서 매 미를 덮치면 매미는 "맴맴" 하면서 바동거렸다. 잠자리가 앉은 곳에 가까이 가서 거미줄 잠자리채를 빙빙 돌리다가 살짝 내리치면 꼼짝 못 하고 잡혔다. 잠자리를 잡아서 꼬리 를 꼬부려 날려 보내면서 잠자리 시집보낸다고 하는 일 등 이 아이들의 놀이였다. 그들의 괴로움을 알 리 없는 우리는 하늘을 마음대로 날아다니는 날것들이 손쉽게 우리 손에 잡히는 순간 얼마나 짜릿했던가.

한여름에 마당에는 동그랗고 작은 구멍들이 송송 뚫려 있었다. 그 구멍에는 질찐애비라는 애벌레가 들어 있었다. 그들 스스로 밖으로 나오는 일은 없었다. 우리에게 아무런 해를 끼치지 않고 땅속에서 조용히 사는 그 벌레를 심심한 아이들은 그냥 두지 않았다. 부추 잎을 끊어다 구멍에 꽂아 놓고 가만히 기다리면 낚시찌가 흔들리듯 부추 잎이 움직인다. 그때 부추 잎을 잡아채면 애벌레가 매달려 나왔다. 애벌레는 등 쪽이 툭 튀어나온 곳에 뿔이 달리고 생김새가 기이했다. 부추 잎이 흔들린 뒤 조금 지체하다가 천천히 올리면 부추 잎에는 애벌레의 잇자국만 선명하게 남아 있었다. 애벌레를 낚아 올리면 처음에는 가만히 있다가 내가 다른 구멍의 부추 잎에 신경을 쓰고 있는 사이에 쌀쌀 기어서 어디론가 갔다. 그걸 잡아서 어찌해 보겠다는 생각도 없이 여름이 되면 애벌레 낚시질을 했다. 어떤 곤충의 유충인지는 모르지만, 어두운 땅속에서 하늘을 날아다닐 꿈에 부풀었던 그들에게는 괴로운 일이었으리라.

여름밤에는 마당 한쪽에 모깃불을 피웠다. 여러 가지 풀이 어울려 타면서 풀냄새가 향긋했다. 바람의 방향이 바뀔 때마다 쑥 냄새와 함께 매캐한 연기가 우리가 앉은 곳에 쏟아지기도 했다. 나는 밀짚 방석 위에 앉아 동생들과 밤하늘의 별을 헤아렸다. 하나의 별자리를 두고 서로 제 별이라며 별자리 다툼도 했다. 세상에는 우리 말고도 얼마나 많은 사람이 별을 가졌었을까. 별 중에서 가장 먼저 알게 된 건 북두칠성이다. 국자 닮았다며 어른들이 알려 주시던 별이다. 견우성과 직녀성에 대한 이야기를 들으며 은하수 건너에 있는 직녀성을 찾아보기도 했다. 더블유 자 모양의 별인 에티오피아의 왕비 카시오페이아, 허영심 많은 여자로 의자에 앉아 북극성을 따라 돈다는 이야기도 재미있었다. 별은 우리가 닿을 수 없는 아주 먼 곳에 있었지만, 날씨가 좋은 날 밤에는 항상 볼 수 있어서 친숙하게 느껴졌다. 가끔 별 똥별이 밤하늘에 하얀 선을 휘익 그으며 떨어질 때는 날카로운 무엇인가가 내 가슴을 스쳐 가는 것 같았다. 우리 오 남매는 할머니와 어머니 무릎을 베고 누워 구수한 옛날이야기를 들으며 잠이 들기도 했다. 난 잠이 들면 가끔 별과 관련된 재미있기도 하고 무섭기도 한 꿈을 꾸기도 했다.

밤이 이슥해지면 할머니와 어머니가 어린 동생을 안고 들어가고 나와 큰동생은 졸린 눈을 비비며 따라 들어간다. 방문 앞에 서면 할머니는 모기장 안에 들어가기 전에 수건을 좌우로 흔들어 모기를 쫓고 재빨리 모기장 안으로 우리를 밀어 넣었다. 할머니는 모기장 자락을 베개로 눌러놓고 단속을 철저히 해 놓았다. 앞문 쪽에는 할머니가 안쪽 끝에는 내가 누워 자며 조심했지만, 가운데서 자는 동생들을 모두 관리할 수는 없었다. 아이들은 얌전히 누워 있지 않고 이리저리 굴러다니면서 돌꼇잠을 잤다. 모기장에 팔다리가 닿으면 그곳에 대기하고 있던 모기들이 달려들어서 모기장 속에 있었던 보람이 없었다. 모기장 안에서도 모기가 날아다니는 밤에는 할머니가 주무시다 일어나 불을 켜고 모기를 잡고 주무셨다. 아침이 되면 할머니는 밤에 모기장 속으로 들어온 모기들을 잡느라 손바닥이 피로 빨갛게 물들기도 했다. 한 마리의 모기를 잡을 때마다 "요놈의 모기, 우리 손주들 피 다 빨아먹었구나."라고 하시던 할머니 목소리가 들리는 듯하다.

농게 경주시키기도 재미있었다. 대청마루에 갑오징어 뼈로 흰 선을 그어 출발선과 결승선을 정하고 게 경주를 시켰다. 누구의 게가 빨리 목표 지점에 닿는지를 보는 것이었다. 농게를 사 온 날 동생들과 나는 게의 발이 빨갛고 가장 큰 수게를 골라 실로 몸뚱이 가운데를 묶는다. 실의 한쪽 끝을 잡고 출발선에 나란히 앉아 "이겨라! 이겨라!"를 외쳤다. 게를 어떻게 다뤄야 하는지도 모르는 서투른 게 조련사들은 마음만 급했다. 게가 움직이는 방향으로 같이 기어가며 자기 줄의 게가 빨리 가기를 바랐지만, 게들은 거품만 물뿐 가다가 멈추기도 하고 옆으로 기어가기도 해서 주인의 애를 태웠다. 게가 천천히 가면 그 주인은 게 뒤에서 마룻바닥을 탁탁 치며 "빨리빨리"하고 소리친다. 게는 주인의 마음을 모른 채 마음대로 갔다.

찬 바람이 불면 과일들도 하나둘 익어갔다. 대추나무에는 대추가 붉어지기 시작하고, 밤송이도 벌어진다. 과일나무가 몇 그루 있었지만, 아이들이 가장 좋아하는 나무는 단감나무였다. 다른 감보다 일찍 떫은맛이 가시고 단맛이 드는 감은 해마다 기다리는 먹을거리였다. 초가을이 되면 단감도 제법 알이 굵어진다. 녹색을 띠고 있을 때도 아삭아삭하고 맛있다. 감이 맛이 들기를 기다리는 건 지루한 일이었다. 마음이 급한 우리들은 한 개 따서 먹어 보고 떫은맛이 나면 풀밭에 내동댕이쳤다. 키가 닿을 정도로 낮은 곳에 매달린 감은 한입 깨물어 보고 떫으면 그냥 놔두어서 감은 새까만 이빨 자국과 함께 익어 갔다. 커서 생각하니 매우 비위생적인 일이었는데도 그런 일들을 예사로 했다.

지금 생각하니 어렸을 때 내가 괴롭혔던 곤충과 식물들에 미안하다. 내가 놀기 위해서 개미, 매미, 잠자리, 게, 질진애비 등에 못 할 짓을 많이 했다. 어쩌다 트럭이 한 대 지나가면 흙먼지 자오록하던 신작로를 달려가던 아이가 있었다. 오늘 흰머리 할머니가 되어 자동차가 줄지어 가는 아스팔트 옆길을 느릿한 걸음으로 걸으며, 버릴 수 없고 감출 수 없는 땅속 깊숙이 묻어 두었던 나의 어린 세상의 전부였던 값을 매길 수 없는 귀중한 보물을 캐내고 있다.

바느질을 하면서

옷을 꿰맨다. 바느질은 천 조각을 이어 완성품을 만들어 내는 노동이다. 약한 부분은 꿰매고 보완하며 더 강하게 하여 온전한 삶을 향해 갈 때 내가 만든 옷이나 이불들이 나와 내 가정을 큰 사랑으로 감싸 주지 않겠는가.

며칠 전 친구가 옷감을 두 보따리나 주었다. 아랫집이 이불 공장을 하다가 그만두게 되어 얻어 왔다고 한다. 자투리 천이라 큰 것부터 작은 것까지 천차만별이었다. 천을 뒤적이다가 시원해 보이는 천으로 원피스를 만들기로 했다. 어떤 모양으로 만들까 궁리하다가 목은 둥글게 파고 치마에는 주름을 넣어 활동하기 편하게 만들었다. 여러 번 입어 보며 만든 옷이라 내 몸에 잘 맞았다. 다른 옷감으로는 베갯잇과 방석을 만들었다.

내가 바느질을 배우게 된 건 우연이었다. 어릴 때 우리 집에는 송아지를 팔아서 산 재봉틀이 있었다. 송아지를 팔러 가는 날은 새벽부터 바쁘게 움직였다. 어둠이 가시기 전부터 소죽을 끓여 먹인 뒤, 어미 소와 송아지를 데리고 삼십여 리 떨어진 우시장으로 간다. 집에서 떠날 때는 어미 소와 송아지가 같이 나들이 가는 듯 잘 간다. 송아지를 팔고 집으로 돌아올 때는 어미 소가 눈물을 흘리며 송아지를 부르며 자꾸만 뒤를 돌아본다고 한다. 그것을 보며 소를 끌고 오는 사람의 마음은 얼마나 아팠을까.

자식을 떼어 놓는 마음은 사람이나 짐승이나 같은가 보다. 송아지를 팔고 온 이튿날 어미 소에게 여물을 주려던 아버지는 어둠 속에서 어미와 함께 있는 송아지를 보고 깜짝 놀랐다고 한다. 송아지는 어미의 젖을 빨고 있었다. 다시 만난 어미 소와 송아지는 얼마나 반가웠을까. 송아지가 삼십여 리 떨어진 곳에서 제 갔던 길을 되돌아와서 집을 찾아왔다는 게 믿어지지 않았다. 송아지를 억지로 다시 데려다주었다니 어미 소와 송아지는 한 번 더 억장이 무너지는 슬픔을 견뎌야 했으리라.

그런 연유로 어머니는 재봉틀을 소중히 여겼다. 나는 재봉틀이 세워져 있을 때마다 천 조각으로 바느질을 익혔다. 내 바느질 솜씨를 시험해 볼 기회였을까. 어머니가 안 계신 날 윗집 아가씨가 홑이불을 만들어 달라고 삼베를 가지고 왔다. 그냥 보내려다가 재봉틀 앞에 앉았다. 잘못할까 봐 약간 두렵기도 했지만 그동안 익힌 솜씨로 바느질을 하기로 했다. 재봉틀 바퀴를 손으로 천천히 돌리며 발을 앞뒤로 놀려 보았다. 바퀴가 제대로 돌아가는 걸 보고 발판을 까닥이며 속도를 조금 높이니 옷감은 미끄러지듯 앞으로 잘 나갔다. 바느질이 거의 끝나갈 무렵에 박자를 놓쳐 바퀴가 거꾸로 돌아갔다. 북집과 반달 판에 실이 엉켜 노루발이 꼼짝도 하지 않았다. 노루발을 억지로 움직이다가 바늘이 부러졌다. 간신히 엉킨 실을 자르고 옷감을 꺼냈다. 재봉틀은 어떤 일이든 순리대로 해야지 억지로 하면 안 된다는 것을 나에게 가르쳐 주었다.

결혼할 때 친구들이 준 축의금으로 전기 재봉틀을 샀다. 재봉틀이 우리 집에 배달되었을 때, 나는 만져 보고 또 만져 봤다. 그날은 큰 부자가 된 듯 가슴이 뿌듯했다. 전기 재봉틀은 발틀보다 편리한 점이 많았다. 전원을 연결하고 스위치만 누르면 바퀴가 돌아갔다. 재봉틀에는 올 풀림 방지, 단추 구멍 만들기, 가늘게 단 접어 꿰매기 등 여러 가지 새로운 기능도 많이 있었다. 이 재봉틀로 아이 옷도 만들어 입히고 내 옷도 만들고 여러 가지 바느질을 했다. 사람 마음이 참 가볍다. 최근에는 새로운 기능이 추가된 더 좋은 재봉틀이 갖고 싶기도 하지만, 추억이 깃든 것이라 고쳐가며 쓰고 있다. 정든 것보다 더 좋은 게 있겠는가.

가끔 바느질을 한다. 지인 중의 한 분은 바느질하거나 뜨개질하는 것은 시간 낭비라고 머리 써서 하는 다른 일을 하라고 말했다. 손으로 하는 일은 머리를 쓰지 않고 손끝에서만 나오는 줄 아는 그분의 짧은 생각이 안타깝다. 내가 만든 옷은 바느질을 하기 전에 어떻게 하면 입기에 편할까, 더 아름답게 만들 수 있을까 궁리하며 만든 옷이라 산 것보다 맵시는 덜 나더라도 애착이 간다. 한 땀 한 땀 바느질할 때 느끼는 기쁨과 평온함을, 또 완성되었을 때의 뿌듯함을 어디에다 비길 수 있겠는가.

여러 조각으로 마름질 된 천을 이어 하나의 완성품으로 만들어 가는 바느질은 인생살이 같다. 여러 개의 천을 이어야 제 몫을 더 튼실하게 해내는 의류처럼 내 인생도 자주 점검하고 수리하여 더 나은 가치를 추구할 것이다. 결핍은 나를 움직이게 하는 동력이다. 옷이 터지거나 해질 때마다 그 부족함을 채우는 바느질이 있으니 끝이 보이지 않는 어두운 터널 속에서도 나는 기운차게 걸어갈 수 있다. 해어지고 올이 풀린 곳을 수선하며 실밥이 뜯어지고 느슨해진 곳은 단단하게 꿰매면서 완성해 나가는 바느질처럼 인생길도 재점검하면서 살아가리라.

바느질은 어떤 의미에서 보면 고난이다. 스스로 힘을 들여 하는 노동이다. 의미 없는 고난이 어디 있으랴. 그것마저도 즐겁게 해 나가는 나 자신이 대견하게 느껴진다.

장갑

가끔 아주 작은 것들이 큰 힘을 발휘하는 경우가 있다. 사람들이 자기 자신처럼 남을 소중하게 여기고 다른 사람 처지에서 생각하고 존중하는 마음을 가지면 따뜻한 세상이 될까. 추운 날 장갑을 끼면 손과 온몸이 따뜻해지듯 배려와 온정이 전해지는 겨울이 되면 얼마나 좋을까. 지금 내 앞에 있는 사람의 마음부터 헤아리는 일을 먼저 시작해야겠다. 나는 장갑을 생각만 해도 마음속으로부터 따뜻함이 솟아 나오는 것 같아 미소가 번진다.

딸이 검정 장갑 한 켤레를 사 주었다. 그것은 손목 부분이 길고 벨벳이 덧대어 있어서 다른 것보다 따뜻하다. 장갑이 여러 개인데도 딸이 사준 것만 자주 끼었더니 집게손가락 끝이 닳아 뚫어졌다. 뚫어진 곳은 손톱 크기만큼 작지만 찬 기운이 들어와 손이 시리다. 새것도 있지만, 정이 들어

버리기가 아까워 기워 쓰기로 했다. 비슷한 낡은 모 장갑을 잘라 속에 넣고 꿰맨 뒤, 손에 끼어 보니 한 곳만 그런 게 아니라 다른 곳도 닳아서 살이 비친다. 한 군데만 기우려다가 장갑 한 개를 다 잘라 썼다. 기운 장갑 안쪽은 누더기가 되었지만, 손에 끼니 전보다 훨씬 따뜻하다. 뚫어진 곳을 깁다가 어릴 때 어머니가 떠 주셨던 손모아장갑이 생각났다.

어머니는 동생 스웨터를 뜨고 남은 자투리 실로 엄지손가락은 빨간색 나머지는 파란색과 노란색으로 줄무늬를 넣어 알록달록하게 장갑을 떠 주셨다. 장갑을 잃어버리지 않도록 두 개 사이를 줄로 연결해 목에 두르고 다니게 했다. 그러나 끈에 매달려 있다고 안전한 건 아니었다. 어느 날 눈을 뭉치며 놀다가 장갑이 젖어서 불을 쬐고 있는데 눈에 젖은 장갑에 김이 모락모락 오르며 잘 마르고 있었다. 조금 더 말리려고 서 있는데 머리카락 타는 냄새가 나서 뒤집어 보니 한쪽 손가락 부분이 타서 오그라들었다. 부주의한 나 자신을 나무랐지만 이미 엎질러진 물이었다. 어머니는 탄 곳을 잘라내고 할머니 스웨터를 풀어낸 회색 털실로 이어 떠 주셨다. 양쪽 색깔이 달라 보기 흉한 짝짝이가 되었지만, 어머니의 정성이 담긴 그 장갑을 끼고 다니면 매서운 추위도 다 달아나는 것 같았다.

지난 사월 말 친구들과 강원도 바닷가에 갔다. 그날따라 바람이 심하게 불었다. 차에서 내리니 가슴으로 스며드는 봄바람이 얼마나 강렬한지 모자를 쓰고 머플러를 두르고 단단히 무장해도 추웠다. 봄인데 그 정도 추우리라고는 상상도 못 했기에 옷도 부실하게 입고 미처 장갑을 준비하지 못했다. 몸이 저절로 웅크려지고 나도 모르게 손이 주머니 속으로 들어갔다. 산과 인접한 울퉁불퉁한 바윗길 사이를 주머니에 손을 넣고 걸을 수 없어서 손이 시려도 참을 수밖에 없었다. 그때 앞에 가던 친구가 기사한테 얻었다며 장갑을 내밀었다. 손바닥 쪽이 비닐 방수 처리되어 있는 작업용 장갑이었는데 그걸 손에 끼니 추위가 가셨다. 바닷길을 걷는 내내 친구의 배려심이 내 마음에 전해져 온몸이 따뜻해져 왔다. 작은 장갑 하나는 추위를 거뜬히 이겨 내는 장사였다. 몇 년 전에 친구가 쓰레기 버리러 갈 때 끼라며 시장에서 이천 원 주고 샀다며 준 장갑도 볼품은 없지만 신축성이 좋아 운동하러 갈 때도 요긴하게 쓴다.

작년 연말 문학회 송년회 모임에서 회장님이 삼십여 명의 회원들에게 장갑을 선물했다. 그 장갑을 받은 사람들도 겨울을 따뜻하게 보냈으리라. 나도 마음을 나누고 싶어 장갑 열다섯 켤레를 샀다. 그 장갑을 형제자매들과 당숙모, 가까운 어른들께 전해 드렸다. 장갑은 손만 따뜻하게 하는 게 아니라 마음을 덥혀 주고 행복하게 한다. 우크라이나 민화 중에 '장갑'이라는 이야기가 있다. 할아버지가 겨울 땔감을 마련하기 위해 숲으로 가다가 털장갑 한 짝을 떨어뜨리니 그 장갑 속으로 숲속 동물들이 차례로 들어간다는 이야기다. 쥐, 개구리, 토끼, 멋쟁이 여우, 회색 이리, 송곳니 멧돼지, 그리고 느릿느릿한 곰까지 모두 들어간다. 장갑 속에서 다양한 몸집을 가진 동물들이 힘들 때 서로 양보하면서 추위를 견디고자 하는 모습이 감동을 준다.

우리 생활 속에서도 작은 것들이 큰일을 해내는 경우를 본다. 혼자의 힘으로는 도저히 들 수 없는 무거운 물체도 지렛대 하나로 거뜬히 들어 올릴 수 있다. 물 한 모금으로 갈증으로 쓰러진 사람을 일어나게 하고, 밥 한 그릇이 굶주림에 허덕이는 사람의 목숨을 구하듯 작은 온정이 누군가를 위험에서 구하기도 한다. 장갑은 곧 배려다. 크기는 작지만, 큰일을 해낸다. 작고 느린 지렁이가 땅속을 돌아다니면서 공기가 잘 통하게 하여 땅을 숨 쉬는 비옥한 곳으로 만들어 놓는 것도 작은 힘이 이룬 결과가 아니겠는가.

보험

　보통 사람은 미래를 내다본다거나 앞으로 일어날 일에 대하여 알지 못한다. 나중에 지나고 보면 매우 중요한 일이고 응당 해야 할 일이었는데도 하기 싫어 미루기도 한다. 어떤 일은 꼭 해야 할 일도 아닌데 다른 사람의 권유에 못 이겨 그 일을 하게 될 때도 있다. 그럴 때는 나의 인생을 스스로 계획하여 자기 주도적으로 하지 못하고 남에게 휘둘리며 살고 있는가 싶어 마음이 편하지 않다. 하지만 살면서 때로는 귀찮고 부담스럽게 생각되는 일을 억지로 하기도 하는 게 우리의 삶이 아닌가.

　나는 젊었을 때 보험에 대하여 좋게 생각하지 않았다. 보험은 보험 가입자보다도 보험사를 위한 것이라는 생각이 내 마음속에 깊게 자리 잡고 있었다. 내가 그렇게 생각하게 된 데에는 까닭이 있었다. 어릴 때, 부모님과 당숙이 교육 보험에 가입했는데 영업사원이 돈을 받아 간 뒤 회사에 입금하지 않고 있다가 퇴사하여 고스란히 손실을 입었다. 수기로 써 주던 때라 그런 일이 일어난 것 같다. 영업사원 개인의 도덕성 문제겠지만, 그런 것들은 내가 보험에 대하여 부정적인 생각을 하는 데 일조를 했다. 보험회사 다니는 친척이 전화를 여러 번 하고 집까지 와서 보험에 들라고 할 때마다 마음이 흔들렸지만, 나는 보험에 가입하지 않았다.

내가 보험에 대하여 안 좋게 생각하게 된 일이 또 있었다. 큰 시누이가 아들에게 부항을 떠 주다가 알코올에 불이 붙어 심한 화상을 입었다. 온몸이 붕대로 칭칭 감긴 시누이를 앰뷸런스에 태우고 종합병원으로 달려가던 일이 엊그제 같다. 처음 병원에서는 환자가 사망할 확률이 90%라고 했다. 시누이는 특히 얼굴과 상반신을 많이 데었는데, 몇 개월 동안 중환자실에서 죽을 고비를 여러 번 넘기고 간신히 살아났다. 코는 타서 뭉그러지고 입술도 오그라들고, 손도 심하게 다쳤다. 몇 년에 걸쳐 여러 번 피부 이식을 한 끝에 얼굴과 손이 표면적으로는 형태를 갖추었지만, 본래의 기능은 다 할 수 없었다. 시누이는 입술을 성형했지만, 본래 입술처럼 신축성이 없어 커피 숟가락으로 밥을 먹는데도 음식물을 흘렸다. 또 다른 부위의 피부를 이식한 손가락은 피부가 늘어나지 않아 손가락을 구부릴 때마다 살갗이 터져 물건을 잡을 수 없었다.

시누이는 보험을 두 개나 가입하고 있어서 화상 치료비와 수술비는 걱정하지 않아도 될 거라고 생각했는데, 보험금을 한 푼도 못 받았다고 한다. 온몸에 화상을 입어 일상생활을 하기가 어려운 데도 그런 정도는 장애로 볼 수 없으므로 보험 지급 대상에 해당되지 않는다고 한다. 시누이가 가입할 때 친구가 들려준 말과 증서에 쓰여 있는 약관과는 달랐다. 보험에 대하여 항상 연구하여 잘 알고 있는 요즘 보험 회사원과는 달리, 초기의 보험사원은 그 상품에 대하여 자신도 자세히 모르고 좋은 점만 부각시키며 보험 상품 판매에만 관심을 두는 경우가 허다했다. 가입 전에 약관을 꼼꼼하게 살펴 알아보는 게 가입자가 해야 할 일이었지만, 그렇게까지 하는 사람은 거의 없었다. 지인 중에 영업사원이 있으면 마지못해 그를 도와주느라 보험에 들고 손해를 감수하며 가입을 취소하는 일도 흔히 있었다.

그런 일이 있은 지 얼마 되지 않았을 때, 여고 동창이 우리 집에 찾아와서 보험에 가입하라고 권했다. 내가 관심을 보이지 않자 며칠 후에 보험사원인 자기 사돈까지 데리고 와 여러 번 권유하는 바람에 생명 보험에 가입했다. 그녀가 좋은 보험이라고 나에게 권했지만 실은 그의 실적을 올리는 것도 중요하지 않았을까. 백수 보험이라고 하며 권하기에 별 희한한 보험도 다 있다고 생각하면서 들었고 십 년 동안 꼬박 넣었다. 증서에는 남편이 쉰다섯 살이 되는 해부터 보험금을 매년 받을 수 있다고 쓰여 있었다. 그때는 까마득히 멀게 생각되었는데 벌써 만기가 도래하여 보험금을 받고 있다. 보험금을 수령하면서, 보험에 가입하라고 권했던 친구를 생각한다. 마지못해 마음 내키지 않아 하면서 가입했던 보험금을 매년 받으니 그에게 미안하고 고마운 생각이 든다.

나도 시간이 흐르면서 보험의 필요성을 알고 보험에 대한 인식을 달리하게 되었다. 더러는 마음 내키지 않는 일을 해도 그 의도가 나쁘지 않다면 도움을 받게 되지 않는가.

채찍

　집 앞의 큰 느티나무가 바람이 몰려올 때마다 자지러지게 놀라면서 비틀거린다. 잠시 후에 또 거센 바람이 몰려오면 나무가 비명을 지른다. 바람에 시달리는 나무를 보면 임부가 진통을 겪고 있는 것 같다. 임부는 진통이 시작되면 배가 아파 곧 죽을 것 같다가도 멎으면 짧은 순간 평온한 시간을 맞이한다. 임부는 곧 닥쳐올 통증이 두려우면서도 잠깐 한숨을 돌리고 여러 가지 생각을 한다. 임부가 진통을 겪고 있는 동안에도 옆방에서는 커피를 마시며 한가롭게 이야기를 나누는 의사와 간호사들의 말소리가 들려온다. 순간 임부는 커피를 마시고 싶다는 생각을 한다. 바람이 멎고 잠시 쉬는 동안 나무는 무슨 생각을 할까.

　오늘 태풍도 그렇게 밀려오며 반복된다. 바람을 견디지 못하고 나무가 쓰러져 창문을 덮칠 것만 같다. 잠시 바람이 멈추는 동안은 나는 일에 집중한다. 식탁에 앉아 책을 펼치고 있지만, 몇 장 못 넘겼다. 실은 여기보다 고향 집이 더 걱정된다. 친정집은 이번 태풍이 지나는 방향의 중심축에 든다고 한다. 십 년 전에 왔던 곤파스보다 더 강력한 태풍이 온다니 어찌 두렵지 않겠는가. 지난번 태풍이 왔을 때, 어머니와 동생 내외는 두려움에 떨며 밤을 꼬박 새웠다고 한다. 동생은 집을 지을 때 건물 앞면을 모두 두꺼운 통유리로 만들었다. 넓은 유리창은 평상시에는 앞이 탁 트여 시원하고 좋았지만, 바람 앞의 등불 같았다. 그 두꺼운 유리창이 깨지고 바람이 들이닥쳐 천장을 부수고 그 파편이 날아다녔다니 얼마나 무서웠을까. 며칠 지난 뒤에 내가 집에 도착했을 때는 천장이 어지럽게 뜯어져 있고 핏줄처럼 전깃줄이 드러나 있었다. 유리창이 깨진 자리에는 커다란 합판으로 막아놓아, 그날의 참상을 짐작할 수 있었다.

큰 소나무들은 대부분 허리가 꺾인 채로 뿌리 쪽만 간신히 서 있었다. 백 년 넘도록 잘 자라다가 태풍에 꺾이는 나무를 보니 살다가 어느 한순간에 쓰러지는 인생과 같다고 생각했다. 실내테니스장을 하던 막냇동생네 체육관 건물은 유리창과 지붕이 다 날아갔다고 한다. 자동차도 종이상자처럼 뒤집히고 날아가 부서졌다니 태풍의 위력이 어떠했는지를 알 수 있었다. 그때 있었던 일을 보고 들었던 터라 이번에 더 센 태풍이 온다니 나는 전날부터 잠을 편히 잘 수 없었다. 그 와중에도 한 친구가 단톡방에 올린 글에는, 태풍이 세상을 흔들지만, 낮잠을 한숨 달게 잤다고 쓰여 있었다. 긴박한 순간에도 마음 편히 낮잠을 잘 수 있다는 게 신기했다. 사람들은 같은 상황에서도 자기와의 관련 여부에 따라 다른 태도를 보인다. 큰 나무가 소리를 내며 비틀거릴 때 불안감은 고조되었다. 내 몸을 채찍으로 맞는 것 같은 느낌이 들어 조마조마하고 무서웠다. 태풍 앞에서 사람은 미물보다도 못한 것 같다.

길이 막힌다고 추석날 새벽에 길을 떠났다. 너무 일찍 고향에 도착해 동생 단잠을 깨울 것 같아 간월도에 들렀다 가기로 했다. 섬을 한 바퀴 돌아보는데, 이른 아침이라 인적도 없고 조용했다. 섬 건너 작은 섬에 있는 무학대사가 달을 보고 도를 깨우쳤다는 간월암은 밀물 때는 바다에 떠 있는 작은 섬이 된다. 우리가 도착한 때가 마침 썰물 때라 길이 열려 있어서 암자에 들어갈 수 있었다. 간월암의 종무소 앞에는 수령이 백오십 년 되었다는 아름드리 팽나무가 서 있었는데 잎이 모두 새까맣게 변해 있었다. 잎 한 개를 따서 만져 보니 힘없이 바스러졌다. 거센 바람에 시달려서 그런지 이유를 알 수 없어 나무가 죽으면 어쩌나 걱정되었다. 다른 곳에 있는 나무들은 가지가 찢어지고 나뭇잎이 떨어져도 초록색을 그대로 유지하고 있는데 이곳의 나무는 왜 그럴까. 간월암을 나오면서 모래톱을 들여다보니 돌 밑에는 작은 고둥이 옹기종기 모여 있었다.

집으로 돌아와서 연휴가 끝나고 간월암 종무소에 전화해 보고 잎이 새까매진 이유를 알게 되었다. 바닷물이 팽나무를 덮쳐 나뭇잎들이 짠물에 절여졌다가 말라서 그렇게 되었다고 한다. 싱싱하던 팽나무는 날을 세우고 달려드는 칼바람에 온몸을 맡기고 이승과 저승을 넘나들며 숨도 못 쉬고 까무러쳤을 것이다. 그 나무는 긴 세월 동안 여러 번 그런 일을 당하면서 살아남았으리라. 전화를 받는 분은 썰물 때 태풍이 왔으니 다행이지 밀물 때 왔더라면 절도 부서지고 자신도 바닷물에 쓸려 가서 지금 살아 있지 못할 거라고 말했다. 오랜 세월 불공을 드려 온 정성으로 지금까지 절이 보존될 수 있었을까. 자연은 피해를 주면서도 극심한 재해는 막아주는 걸까.

고향 집에 도착하니 공장 통유리에 스티로폼과 테이프로 고정했던 것들이 너덜너덜한 채로 남아 있었다. 집 주변 밭을 둘러보니 가지나무에 가지는 한 개도 달려 있지 않고 나무 아래에는 크고 작은 가지들이 떨어져 소복이 쌓여 있었다. 그 속에서도 보라색 꽃 한 송이가 희망을 내비치는 눈짓을 하며 방긋 웃고 있었다. 농작물들은 아직 본디 모습으로 돌아가지 못하고 빗살무늬처럼 서 있었다. 벼는 엎치고 밭에 있는 콩들도 비스듬히 옆으로 쓰러져 있었다. 지난여름에 조롱조롱 탐스럽게 매달렸던 청포도는 얼마나 익었을까. 바람에 부대낀 포도 덩굴은 축 처져 있고 포도송이에는 터지고 곯은 포도가 매달려 간신히 가쁜 숨을 몰아쉬고 있었다.

이번에 태풍의 진로가 바뀌어 비껴가는 바람에 고향 집은 생각했던 것보다는 피해가 적었다. 만물의 영장이라며 우쭐대지만, 인간은 거대한 자연 앞에서 아무것도 할 수 없다. 과거 충격을 준 사건은 현재의 환경이 연관되어 초조한 감정을 불러일으키는 방아쇠 역할을 하는 것 같다. 긴 채찍을 휘두를 때 손잡이에 힘을 적게 주어도 채찍 끝에는 큰 힘이 생기는 법이다. 태풍 앞에 인간이란 채찍 앞에서 두 손을 모으고 있는 주변부 타자와 무엇이 다르랴.

3부
노래 점수는
미

내가 자신감을 가지려고 노력했던 여러 가지 일들은 무엇과도 바꿀 수 없는 내 삶의 궤적이다. 노래를 배우면서 얻은 게 있다. 무엇이든 잘하는 남과 비교하지 않아야겠다는 생각이다. 나의 지난날과 견주어 보아 조금이라도 나아진다면 한 걸음 한 걸음 목표를 향해 앞으로 걸어가야겠다. 그것이 미수에 그칠지라도, 노래 점수 '미'가 '수'가 될 때까지 전진하리라는 내 마음속 꿈의 보물지도는 언제까지나 걸려 있으리라.

열쭝이

　나는 어린 새다. 다른 새처럼 하늘을 마음껏 날고 싶은 마음만 가득한 철부지이다. 깃털이 나면 날기 연습을 시작하고 싶다. 버들솔새는 반 뼘짜리 작은 새이지만 단독 비행으로 러시아 캄차카반도에서부터 아프리카에 있는 탄자니아까지 날아간다고 한다. 나도 날갯짓을 수만 번 하다 보면 언젠가는 푸른 하늘을 마음껏 날아다닐 수 있는 버들솔새처럼 되어 있지 않을까.

　수요일만 되면 나는 영락없는 옛날 초등학교 일 학년생이 된다. 아직 떠듬떠듬 노루글 읽기를 하고 질문을 받으면 대답도 못 한다. 이 강의실에서 공부하는 사람들은 초등학교 일 학년생부터 대학생까지 모여 공부하는 것처럼 수강생들 간의 실력 차이가 크게 난다. 칠 년 동안 공부한 사람, 일본에서 살다 온 사람, 학교 다닐 때 배웠던 분, 다양한 실력의 소유자들이 같이 공부하고 있다. 초급반에 가야 할 내가 집에서 가깝다고 무턱대고 들어갔다가 고전을 면치 못하고 있다. 의욕은 있지만 기본 실력이 없어서 쩔쩔맨다. 수업 시간이 되면 너무 모르는 게 많아서 뱁새가 황새 걸음 따라가는 것처럼 버겁다.

일본어는 언어 특성상 여러 면에서 우리말과 비슷한 점이 있다고 들어서 쉽게 배울 수 있을 거라고 섣불리 덤볐다가 큰코다쳤다. 몇 년 전부터 일본어에 관심을 가지고 있던 나는 인터넷 강의를 들으며 공부하다가 별 진전이 없어서 석 달 전부터 동네 문화센터에 등록했다. 이미 진도를 많이 나가서 긴 문장들이 나오니 어렵다. 떠듬거리며 일본어를 읽으면서 지금 나처럼 글을 읽던 여러 사람을 떠올린다. 내가 삼 학년 때, 일 학년 책을 보고 글자만 간신히 읽던 옥이, 모르는 글자를 가르쳐 주어도 못 읽고 생각이 안 난다며 눈만 껌뻑이던 반 아이가 생각난다. 중학교 다닐 때, 영어책에 한글로 발음을 써 달라던 짝꿍의 간절하던 눈빛도 떠오른다. 그들도 지금 나처럼 책 읽을 차례가 되면 떨렸으리라.

수업 끝나고 헤어지면서 일어 강사가 하는 말이다. "아직 잘 안 되시는 분들은 집에서 많이 듣고 읽어 오세요. 공부 안 해 와서 잘 읽지 못하면 본인도 힘들뿐더러 다른 사람들도 답답하니 그분들에게 피해를 주게 됩니다. 공부 좀

해 오세요." 나 보고 하는 소리다. 열심히 듣고 읽어서 잘해 보겠다고 매주 다짐하지만, 그게 마음대로 되지 않는다. 오늘 배운 것은 조금 알지만, 전에 배운 것을 복습할 때면 가슴속이 답답해진다. 그럴 때마다 나는 입을 꼭 다문 채 눈만 껌뻑인다. 저장해 놓았던 것들도 잊어버리기 일쑤인데 더구나 입력하지도 않은 걸 출력해 내려 하니 나오겠는가. 글을 줄줄 읽는 사람들을 보면 '나는 언제 저렇게 할까.' 부러운 생각이 든다. 요즘 들어 공부 못하는 아이들의 심정을 절절히 느끼고 있다. 오래돼서 잊었는지 모르지만, 지금까지 이렇게 학습 내용을 이해 못 했던 적은 거의 없는 것 같다. 처음 영어를 배우기 시작할 때도 그러했겠지만 단계적으로 공부했으므로 이 정도는 아니었다.

나는 갓 부화한 붉은 새다. 아직 솜털도 제대로 나지 않아 엉성하고 부스스한 어린 새 형상이다. 배우고자 하는 의욕은 가득하니 깃털만 나면 새의 외형은 갖춘 셈이다. 깃털이 나더라도 날기 위해서는 해야 할 일이 많다. 몸이 가벼워야 잘 날 수 있으니 많은 양의 산소를 공급받기 위해 공기주머니를 여러 개 만들어야겠다. 여러 상황에서 사용되는 어휘와 문장을 많이 익혀 필요할 때 언제든지 꺼내어 쓸 수 있도록 기억주머니에 저장하리라. 다음에는 가슴 근육을 키워야겠다. 근육이 발달할수록 힘찬 날갯짓을 할 수 있을 테니, 듣기와 읽기를 반복해서 어떤 상황에 처했을 때 말이 자연스럽게 나올 수 있도록 노력하겠다.

요즈음은 일본어를 잘해 보려고 여러 가지 방법으로 노력한다. 바깥에 나갈 때는 이어폰을 꼭 끼고 다니며 시간이 허락하는 한 녹음한 것을 여러 번 듣는다. 쓰기에도 노력을 기울인다. 낱말 쓰기도 하고 일본 아주머니와 직접 편지를 주고받고 있다. 두 달 전에 경복궁 근처 북촌 식당에서 친구끼리 여행 온 세 명의 일본인 아주머니를 만났다. 내가 먼저 인사하고 그들과 말을 텄다. 그 아주머니들이 주소를 적어 달라고 해서 서로 전화번호와 주소를 주고받았고 지금은 편지가 오고가고 있다. 특히 그중 한 명은 우리말에 관심이 있어서 일본어를 배우는 나와 통하는 점이 있다. 그녀는 우리말로 편지를 쓰고 나는 일본어로 써서 보냈다. 둘 다 초등학교 저학년이 쓴 것처럼 문장이 서툴고 어색하지만 어떠랴. 편지 쓸 때는 시간 여유가 있으니 사전을 찾고 인터넷을 뒤지고 번역기를 사용해서라도 내가 원하는 문장을 찾아 쓸 수 있어서 편하다.

나는 일어 공부하는 목표가 하나 있다. 일상생활에서 사용하는 일본어를 익혀 자유여행을 하는 게 꿈이다. 아직은 열중이지만 날갯짓을 수만 번 해서 익숙해지면 창공을 마음껏 날아다닐 수 있으리라.

노래 점수는 미

　우리는 루피와 밀짚모자 해적단처럼 계속 다른 섬을 모험하는 존재들이다. 이 모든 과정은 떨림의 연속이다. 마이크 앞에서 부족해 보이기만 하는 나의 노래 실력이 이 모든 떨림을 두려움으로 만들어 버리는지 모른다. 잠시 눈을 감는다. 스피커에서 전주곡이 나오니 떨리기 시작한다. 운동회 날 달리기하려고 출발선에 서서 신호를 기다릴 때처럼 가슴이 쿵쾅거린다. 노래방기기에서는 지금 시작할 때라고 손가락이 나를 재촉한다. 넷, 셋, 둘, 마지막으로 집게손가락 하나만 펴 놓은 채, 이제 노래를 시작해야 한다. 박자를 놓치면 어쩌나 두려움이 엄습한다.

　나는 동요를 좋아한다. 내가 부를 수 있는 동요도 꽤 많다. 어린 시절 라디오를 들으며 동요를 배웠고, 커서는 텔레비전에서 하는 창작동요대회를 즐겨보고 테이프나 CD를 사서 들으며 익혔다. 어릴 때, 어린이 시간이 되면 어김없이 '어린이 왈츠'가 울려 나오고 곧이어 꾀꼬리 같은 목소리의 아나운서가 인사말을 했다. 나는 그 노래를 따라 부르며 꿈을 키웠다. 방송을 들을 때마다 '남산방송국에 간 아이들은 얼마나 좋을까.' 부러운 생각이 들고 나도 노래를 잘 불러 보고 싶은 마음이 간절했다. "셋째 줄에 앉은 빨간 웃옷 입은 여자 어린이 나오세요."라고 아나운서가 말하면 나는 그 아이의 모습을 마음속으로 그려 보았다. 얼굴은 어떻게 생겼을까. 지명받은 아이는 뛰어서 앞으로 나오겠지. 그 아이가 노래를 시작하면 난 노래에 빠져 상상의 날개를 편다.

동요는 자연을 소재로 한 것들이 많다. 하늘, 구름, 바다, 산과 들판, 꽃과 나무를 노래한다. 동요를 부르면 마음이 맑아진다. 봄바람은 겨우내 쌓인 눈을 녹여 시내를 만들고, 개나리는 병아리 떼를 나들이시킨다. 양지쪽에서는 새싹들이 기지개를 켜고 꽃들이 하품하며 햇빛을 마신다. 불같이 타는 한더위에도 우거진 숲은 매미채 든 아이들을 부르고 알맞게 데워진 바닷가 모래밭은 벌거숭이들을 기다린다. 갖가지 모양의 구름이 비 뿌릴 채비를 하면 향기로운 풀밭에서 풀 뜯던 송아지가 어미를 찾는다. 우주로만 창을 열어 주는 밤이 별을 쏟아 내면 밀짚 방석 위에서 할머니께 이야기를 청하던 아이들도 모기장 안으로 들어간다.

여름내 켜켜이 쌓아 놓은 나무의 열정이 터져 나와 나뭇잎을 곱게 물들이고 들판에 설핏한 해그림자가 종종걸음을 치면 기러기가 갈 길을 서두른다. 가으내 참새 쫓던 허수아비는 포시럽던 박이 된서리 맞아 고꾸라진 것을 보고 속절없이 고개만 떨어뜨린다. 들풀도 다 쓰러지고 언덕에 외롭게 서 있는 옷 벗은 나무가 휘파람을 불며 손 시려 우는 어린나무를 어르고 달랜다. 싸락눈이 내리던 밤에 찹쌀떡을 팔러 다니던 아이들은 다 어디로 갔을까. 강추위에도 추운 줄 모르고 신나게 썰매 타며 얼음 지치던 아이들과 함박눈이 펄펄 내리던 날 눈을 굴리느라 손을 호호 불던 아이들은 지금 무엇을 할까.

'횃대 밑에서 호랑이를 잡는다.'는 말처럼 나는 혼자서는 잘 읊조리지만 남 앞에서는 못 한다. 여러 사람 앞에서 가요를 불러본 게 언제인지 손꼽을 정도다. 이러니 한 번쯤 남 앞에서 한 곡 멋지게 불러보고 싶은 마음이 왜 아니 들겠는가. 나는 노래를 배우고 싶어 가곡교실에 일 년 다녔다. 그곳에 온 분들도 나처럼 그냥 좋아서 배우러 온 분들인 줄 알았더니 대부분 성악을 전공했거나 그 분야에서 한가락 하던 분들이었다. 우리를 가르치던 강사는 연습한 뒤에 앞에 나가서 노래를 부르게 했는데 그분들 앞에 서면 괜히 기죽고 소리도 안 나와 더욱 주눅 들었다.

요즘에는 두 달째 노래교실에 다니고 있다. 나의 취향과는 다른 곡들을 배우지만 노래를 부르면 힘이 난다. 오늘 노래 부를 용기가 난 것도 요즘에 배운 노래 덕분이다. 예전에는 회식이 끝나면 노래방에 가는 일이 많았다. 여럿이 노래방에 가면 노래가 모두 끝날 때까지도 나는 할까 말까 망설이다 그냥 집으로 온 날이 많다. 집에 돌아와서는 한 곡 부를 걸 그랬다고 후회하고 집안일을 하면서 그 이튿날까지 혼자 흥얼거리곤 했다. 아는 노래도 많은데 다음에는 해야지 마음먹지만, 그런 일은 반복되었다. 노래 못하면 어떠랴 하다가도 한 번쯤 시원하게 부르고 싶은 마음은 가시지 않았다. 남들은 노래방에 갈 때 스트레스를 풀러 간다지만 나는 쌓으러 갔다.

나는 어려서부터 낯가림이 심하고 부끄러움을 많이 탔다. 초등학교 다닐 때 음악 표현력은 '미'였다. 시험 볼 때도 모깃소리만 하게 노래를 하니 성적이 잘 나올 리 없지 않은가. 나는 여러 사람 앞에서 자신 있게 표현하는 사람들이 부러워서 씩씩해지려고 여러 가지 노력을 했다. 우리 집은 일 년에 제사를 열 번 넘게 지냈는데, 그때마다 상에 올렸던 식은 밥과 국을 꼭 먹었다. 그걸 먹으면 두려움이 없어지고 담력이 생긴다는 할머니 말씀을 들었기에. 초등학교 때는 반공 웅변대회에도 참가했다. 처음 웅변할 때는 떨려서 운동장을 가득 메운 전교생이 잘 보이지 않았고 또 무슨 말을 어떻게 말을 했는지도 모를 정도였지만, 단상에 오르는 횟수가 거듭되니 학생들의 모습이 조금씩 보이고 말도 나아졌다.

 셀 수도 없을 만큼 여러 번 노래 연습을 하고 정직한 반주기 앞에 섰다. 노래가 끝나고 점수를 기다릴 때의 마음은 입학시험 합격자 발표를 기다리는 마음처럼 떨린다. '좀 나아졌을까. 몇 점이나 될까.' 나의 기대와는 달리 화면에 숫자가 뜨다 말고 이내 사라지며 곧이어 '점수는 숫자일 뿐 열창한 당신이 최고'라고 나온다. 그동안 연습한 게 허사란 말인가. 어느 부분을 잘못 불렀을까. 음정이 불안하긴 하지만 박자 안 놓치려고 노력했는데, 나는 정말 안 되는 걸까. 실망스러움을 안고 같은 노래를 다시 시작을 누른다. 이번엔 '점수가 중요한가요. 신나게 놀아 봐요.' '토닥토닥 다음 곡은 백 점' 점수가 중요한 게 아니라고 별의별 완곡한 표현을 다 하지만 점수로 환산하지 못할 정도로 노래를 못 부른다는 말이란 걸 안다.

 사흘 동안 연습을 열심히 하고 다시 도전해 보았다. '와, 이번 노래 정말 좋았어요.' 이 말은 이제 보통 수준은 된다는 말이다. '대단한 노래 실력, 매력이 넘쳐요.' '한 곡 더 듣고 싶은 실력, 불러 줄 거죠.' 드디어 '우' 정도 된다는 말로 바뀌었다. '진심으로 감동.' 마지막으로 이 말이 나온 화면의 점수는 백 점이다. 열심히 하니까 되는구나. '수' 도 받을 수 있어. 이렇게 어렵게 노래하는 사람이 나 말고 또 있을까. 모르는 사람은 나보고 노래에 목숨 걸 일 있냐고 말할지 모르지만 여러 사람 앞에서 한 번도 제대로 불러 본 적이 없는 사람이라면 이런 내 마음을 이해할 수 있으리라. 노래를 부르고 나니 마음이 후련했다. 답답했던 가슴이 탁 트인 기분이다.

사람은 저마다 각자의 소질을 타고나는데, 나는 음악과 관련된 재주는 가지지 못했다. 그러니 다른 사람보다 수십 배는 열심히 해야 가까스로 보통 정도가 될 수 있다. 소질이 없는 사람이 갑자기 잘하기는 어렵겠지만, 콩나물시루의 콩나물이 흐르는 물을 먹고 조금씩 자라듯, 본인의 노력에 따라 조금씩 변화될 수 있다고 생각한다. 중국 속담에 '석 자 두께로 얼음이 얼려면 하루의 추위로는 되지 않는다.'라는 말이 있다. 쉽게 이루어지는 일은 없으니 꾸준히 노력해야 한다는 뜻이 아니겠는가.

내가 자신감을 가지려고 노력했던 여러 가지 일들은 무엇과도 바꿀 수 없는 내 삶의 궤적이다. 노래를 배우면서 얻은 게 있다. 무엇이든 잘하는 남과 비교하지 않아야겠다는 생각이다. 나의 지난날과 견주어 보아 조금이라도 나아진다면 한 걸음 한 걸음 목표를 향해 앞으로 걸어가야겠다. 그것이 미수에 그칠지라도, 노래 점수 '미'가 '수'가 될 때까지 전진하리라는 내 마음속 꿈의 보물 지도는 언제까지나 걸려 있으리라.

개나리

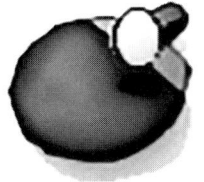

때를 안다는 건 참 어려운 일이다. 그래서일까. 중용은 때가 중요하다는 '시중'을 삼 요소 중 하나로 삼고 있지 않은가. 누구나 때를 잘 아는 것 같지만, 세상에는 그렇지 못한 것들도 있다. 동식물은 누가 가르쳐 주지 않아도 때가 되면 알아서 제 할 일을 잘한다. 식물도 때가 되면 싹을 틔우고 꽃이 피고, 동물도 알아서 제구실을 잘한다. 때를 잘 모르는 건 사람이 아닐까 싶다.

언제부터 피어 있었는지 노란 개나리가 눈에 띄었다. 가을의 정취를 마음껏 느끼게 했던 국화도 시들고, 넓지도 않은 화단을 온통 다 차지하고 있던 분꽃은 쓰러진 지 오래되었다. 수탉의 멋진 볏처럼 빨간 얼굴을 자랑하던 맨드라미마저도 얼마 전 고개가 꺾였다. 꽃이라고는 찾아보기 힘든 이 계절에 노란 개나리꽃이 두 송이나 피어나다니. 흐드러지게 핀 봄꽃을 대할 때와는 달리 반가운 마음과 함께 애처로운 마음이 앞선다. '늦가을 추위에 며칠을 견디겠다고 피었을까, 봄에 다른 꽃들과 함께 피면 외롭지 않을 텐데.' 별난 개나리에 연민의 정을 느낀다.

나는 누군가에게 그 개나리꽃의 존재를 알리고 싶었다. 운동장으로 나가는 아이들에게도 꽃을 보여 주었다. 퇴근 무렵 주차장으로 향하던 젊은 동료에게 개나리꽃 좀 보라고 했더니 대뜸 하는 말이 "어머 개나리가 미쳤나 봐." 그 말은 개나리가 때를 모르고 피었다는 비난의 말투였다. 의외의 말을 듣고 뒤통수를 한 대 얻어맞은 것처럼 머리가 멍해졌다. 갑자기 몰아닥친 추위에 노란 단풍으로 변해 보지도 못하고 은행잎마저 모두 땅에 떨어진 날 아침, 개나리꽃이 추위에 얼지 않았는지 걱정되어 출근하자마자 달려가 꽃잎을 살짝 만져보았다. 보들보들한 꽃잎이 밤새 추위를 잘 견뎌 내고 생긋 웃고 있었다. 키가 작아 추위를 덜 타는지 건물의 온기가 밤사이 추위를 막아 주었는지 모르지만 다행이었다.

가끔 추위가 오기도 했지만, 올가을 날씨는 비교적 따뜻했다. 좋은 날씨가 이어질 땐 항상 그런 날들만 계속되리라고 믿는다. 사람도 젊을 땐 언제나 건강할 것처럼 생각하고 나이를 먹고 늙어간다는 건 생각 못 한다. 경험해 보지 않은 미래를 이해한다는 건 아무나 할 수 있는 일이 아니기에. 개나리꽃이 제철에 한 번 피었다가 지고 자연의 섭리를 거스르고라도 다시 한번 더 피고 싶어 나왔는지, 남들 다 피는 봄에는 준비가 덜 되어 못 피고 늦게라도 피어나고 싶었는지는 모르지만, 철 늦게 핀 개나리꽃이 쉬이 지지 않고 좀 더 오래 피어 있기를 바랐다.

나는 취미로 몇 년 전부터 탁구를 배운다. 쉬운 줄만 알고 시작했는데 그게 아니었다. 취미로 슬슬 해야겠다는 것은 마음뿐이고, 하다 보면 운동에 몰입하게 된다. 탁구는 상대와 둘이 같이하는 운동이어서 공을 떨어뜨려도, 잘 받아도 웃음이 떠나질 않을 만큼 재미있다. '탁구를 안 하면 무슨 낙으로 살까.' 하는 생각이 들 정도다. 좀 더 잘하고 싶어서 개인지도를 받는데, 미리 가서 서비스 연습도 하고, 받은 공을 보내는 방법도 다양하게 구사하며 변화를 모색해 본다. 그러나 몸이 말을 듣지 않는다. 공이 튀어오는 걸 보면 그 공을 받아야겠다는 마음뿐, 팔만 앞서 나가고 다리는 아교로 땅에 붙여 놓은 것처럼 그 자리에 있다. 마음만 먼저 달려가다가 부딪쳐 멍든 곳도 여러 군데다. 나는 운동 신경이 발달한 편이라고 생각했는데 착각이었다.

'이 나이에 무슨 운동을 한다고······.' 애꿎은 나이 탓을 하며 그만둘까 생각도 했지만, 퇴근 후에는 여전히 탁구장으로 달려간다. 그러던 중 서초구 대회에 참가 신청을 하고 열심히 연습했다. 대회 날 경기는 토너먼트로 진행되었는데 상대를 제치고 한 단계씩 올라갈 때마다 마음이 조마조마했다. 그 경기에서 운 좋게도 준결승까지 올라가서 개나리부 3등으로 입상했다. 개나리부는 출전하는 여자 단식에서는 가장 아래 부수이지만 여러 경쟁자를 물리치고 상을 받으니 기뻤다. 한동안 침체해 있던 나는 이번 경기에 임하면서 더욱 힘이 나고 할 수 있다는 자신감이 생겼다. 그동안 큰 대회에 참가한 후 실력이 한층 나아진 사람들을 자주 봤다. 경기에 참여하기 위해서 열심히 노력을 기울였기 때문에 딸 수 있었던 열매이리라.

대회 참가 후기에 축하의 글이 많이 올라와서 내가 '가을에 핀 개나리'라고 제목을 붙인 글을 올렸더니 "가을에 핀 개나리라는 말이 마음에 와닿네요. 내년에는 무궁화꽃을 피우시기 바랍니다."라는 격려의 말을 해 주었다. 무궁화부는 개나리보다 한 단계 높은 부수이다. 열심히 연습하여 다음에는 무궁화꽃도 피게 할 계획이다. 날씨가 좋은 올해 가을처럼 내 생의 가을이 오래도록 아름답게 펼쳐지기를 바라는 마음으로.

우리말 겨루기

화면에서 버저를 누르고 답이 생각나지 않아 눈을 깜빡이는 출연자를 보며 몇 달 전 그 자리에 서서 떨고 있던 나를 떠올린다. 집에서 TV를 시청하고 있으면 "왜 저 문제를 못 맞힐까."라고 말하며 답답해한다. 남이 하는 것을 보며 나는 저 사람보다 더 잘할 수 있는데 라고 생각하는 사람들이 정작 그 자리에 서면 자신의 능력을 발휘하기가 어렵다.

나도 오래전부터 우리말 겨루기에 한 번 도전해 보고 싶었다. 그래서 2월 마지막 주 일요일에 예심을 치렀다. 그날따라 문제가 술술 풀렸다. 한 시간 후에 발표한 필기 합격자 명단에 내 이름이 들어 있었다. 필기에 합격해도 면접을 통과하기는 매우 어렵다. 면접에 여러 번 떨어진 적이 있는 나는 면접이 시작되자 떨렸다. 떨리는 게 나의 주특기다. 나는 도전하게 된 동기와 장점 등에 대해 말했다. 여러 번

거듭하면 나아진다는데 나는 그렇지 못하다. 작가 네 명과 제작자 앞에서도 떨려서 말을 잘하지 못하면서 방송 출연 하겠다고 나선 내가 한심하지 않은가. 나흘 후 발표한 KBS 게시판 공지 사항란에 내 이름이 또렷이 쓰여 있었다.

녹화가 시작되었다. 사방에서 카메라가 돌아가니 입이 바짝바짝 말라서 녹화 도중에 틈만 나면 물을 마셨다. 출연자 다섯 명 중에서 나이가 제일 많은 나는 순발력이 떨어져 버저를 빨리 못 누를 것 같아 긴장하고 있었다. 그러나 걱정과는 달리 문제가 나오자마자 내 손은 어느새 버저를 누르고 있는 게 아닌가. 첫 단계 출발은 순조로웠다. 주어진 낱말을 보고 연상하여 답을 맞히는 2단계는 평소에 내가 좋아하던 분야였다. 첫 낱말로 '낭중지추'가 나오고 빈칸 세 칸이 나왔다. 나는 문제가 나오자마자 멈추고 '주머니' 라고 답을 적었는데 다른 분들도 모두 맞혔다. 너무 쉬운 문제가 나와 아쉬웠다. 두 번째 문제를 열자 빈칸이 두 칸 나오고 '새물내'라는 낱말이 나왔다. 첫 단어가 보이자마자 그만 보겠다고 말하자 아나운서가 또 첫 번째에 멈추십니까? 라고 말했다. 난 자신 있게 대답하고 '빨래'라는 답을 썼는데 못 맞힌 사람이 두 명 있었다. 다행히 점수를 만회해서 안심이 되었다.

3단계로 다섯 명 중 세 명이 올라가는데 한 문제를 남겨 놓고 두 명은 1250점 나는 1150점, 또 한 명은 1050점이었다. 한 문제를 맞히면 백 점을 받으므로 내가 틀리고 다른 사람이 맞히면 같은 점수가 되어 동점자 문제를 풀어야 하는 긴박한 순간이 되었다. 내가 맞히느냐 못 맞히느냐에 달려 있었다. 주어진 낱말을 보고 연상되는 낱말 맞히기였는데, 주어진 낱말 세 개가 차례로 '수박 따기, 용두사미, 말총' 이었다. 나는 '꼬리'라고 썼고, 나의 바로 뒤 차점자는 '머리'라고 썼다. '머리'라고 쓴 사람 세 명 '꼬리'라고 쓴 사람 2명으로 답이 갈렸다. 아나운서가 "답은 꼬리였습니다."라고 힘차게 외쳤다. 3단계는 고유어 맞히기인데 나는 고유어를 좋아해서 재미있게 공부한 분야다. 아는 문제들이 나왔다. 나는 주어진 문제를 다 맞히고 다른 사람이 못 맞힌 것까지 맞혀서 4단계 진출을 확정 지었다.

드디어 4단계에 올라가서 30대 남자분과 맞대매를 하게 되었다. 3단계까지는 출연자가 모두 함께 있어서 의지가 되었고 여유로웠는데, 두 사람만 서 있게 되자 무척 떨렸다. 집에서 TV를 볼 때는 가장 쉬워 보였던 낱말 듣고 맞히기가 더 어려웠다. 그 자리에 서니 떨려서 생각이 잘 나지 않았다. 아나운서가 설명하는 말을 들으면 비슷한 낱말이 머릿속에서 맴돌았다. 내가 가는 줄의 낱말 설명은 잘 들리지 않고 상대편의 낱말만 잘 들려왔다. 가끔 상대편이 틀리고 내 차례가 오기를 바랐지만 그는 답을 매우 잘 맞히고 있었다. 아쉬움을 뒤로한 채 2등으로 4단계가 끝났다. 녹화 한 날 밤에는 만감이 교차해서 잠을 이룰 수 없었다.

내가 무슨 문제를 풀었는지도 잘 생각나지 않고, 낱말을 못 맞히고 계속 그 자리에 머물던 생각만 나고, 말한 것도 맘에 안 들어 부끄럽고 아쉬웠다.

이 주 후 월요일 일곱 시 삼십 분에 방송이 시작되었다. 집 전화와 휴대폰이 연이어 울렸다. 방송 출연을 왜 알리지 않았느냐는 친구, 방송 나오는 것 보고 아는 사람한테 보라고 메시지 보냈다는 후배, 잘하고 있다고 격려하는 말, 자신도 나가고 싶었지만 용기를 못 냈는데 대단하다는 선배, 반 아이들에게서 많은 전화가 걸려왔다. '우리말 겨루기'에 관심을 가지고 시청하는 사람들이 내 주변에도 꽤 많이 있다는 걸 알게 되는 날이었다. 문제를 잘 맞히지 못해 부끄럽고 겸연쩍었지만, 나 혼자 좋아서 했던 일이 어머니를 비롯하여 나를 아는 많은 분들께 짧은 시간이나마 즐겁게 방송을 볼 수 있도록 해 드렸다는 것에 위안을 삼는다.

방송 출연은 오랫동안 소식을 못 전했던, 친지, 친구 선배 등 여러 사람들과의 소식을 전할 수 있는 연결 끈이 되었다. 방송은 끝났지만 우리말에 더욱 관심을 가지고 모르는 것은 사전을 찾아보며 하나하나 알아 가는 기쁨을 계속 이어갈 것이다. 방송에 함께 출연했던 네 분 김슬아. 안성훈, 이건준, 주인현 씨께 모두 감사하다. '우리말 겨루기' 녹화를 위해 수고하시던 제작진 여러분께도 감사의 말을 전한다. 앞으로 '우리말 겨루기'가 더 좋은 방향으로 발전하여 국어 사랑에 기여하기를 바라며 오랫동안 많은 사람들의 사랑을 받는 장수 프로그램이 되었으면 하는 바람과 함께.

슬픈 씨앗

'농부는 굶어 죽어도 씨앗은 베고 죽는다.'는 말이 있다. 당장 배가 고프다고 씨앗을 남겨 두지 않으면 나중에 큰 배고픔을 겪게 된다는 말이니, 그만큼 씨앗을 중요하게 여겼다.

목숨처럼 소중하게 여기는 씨앗이지만, 다른 사람이 심는다고 달라고 하면 서슴없이 내어주는 것이 농부의 마음이다. 씨앗은 돈을 받고 파는 것이 아니라 나누는 것이다. 전통 농업에서는 자기 집에서 수확한 종자를 잘 보관해 두었다가 다음 해에 씨를 뿌렸다. 주요 곡식인 벼는 공기가 잘 통하는 큰 항아리에 보관했다. 작은 씨앗들은 뒤웅박에 넣어 방에 보관하고 옥수수나 수수는 기둥에 매달아 갈무리했다. 그 밖에 콩, 팥, 녹두 등의 씨앗은 좋은 것만 골라 작은 씨오쟁이에 담아 매달아 두었다. 그러나 요즈음은 씨앗을 남겨 두지 않는다. 농업기술이 발달하면서 씨앗은 기업의 소유가 되고 특허 상품이 되었다. 종묘회사들이 씨앗의 유전자를 조작했기 때문에 남겨도 쓸모가 없는 불임 씨앗이 많다.

옛날에는 주로 가족이 먹기 위해서 농사를 지었다. 요즘은 시장에 내다 팔 상품을 생산해야 하니 크고 때깔 고운 농산물을 생산해야 한다. 소출이 적고 모양이나 색깔이 좋지 않은 재래종은 소비자에게 인기가 없으니 새로운 품종의 씨앗을 사서 심을 수밖에 없지 않은가. 그러다 보니 토종 씨앗이 점점 사라지고 있다. 가끔 맛있는 곡식이나 채소는 가족이 먹을 만큼 재배하는 농가가 있어서 그나마 토종 씨앗이 명맥을 유지하고 있다. 농사를 짓는 사람들은 해마다 새로운 씨앗을 사서 심느라 비용이 많이 들어간다. 일부 토마토나 파프리카 종자는 금값의 두 배만큼 비싸다. 특히 네덜란드산 파프리카 씨앗은 한 알에 육백 원이 넘는다고 한다. 다른 씨앗 값도 갈수록 오르고 있지만, 받아서 뿌릴 씨앗들이 이제는 거의 없어졌기 때문에 씨앗을 사서 심을 수밖에 없지 않은가.

옛날 씨앗 봉지의 앞면을 보면 잎이나 열매가 그려져 있고 회사 이름이 쓰여 있었다. 그때 보았던 씨앗 회사 이름이 몇 떠오른다. 오래전에 그 회사들이 다국적기업으로 넘어갔다는 기사를 보고 나는 충격을 받았다. 국내 굴지의 종묘회사였던 흥농종묘와 중앙종묘는 1998년 네덜란드 회사인 세미니스로 넘어갔고 세미니스는 다시 몬산토가 인수했고, 2018년 독일 회사인 바이엘이 그 회사를 인수했다. "톡 쏘는 맛이 일품이고 캡사이신 성분이 다른 고추에 비해 월등하다. 향이 강하고 껍질이 두꺼워 오래 저장해도 맛이 변하지 않는다. 한 입 베어 물면 입안이 얼얼하지만 입맛을 돋우기에 이보다 더 좋은 채소는 없다." 이처럼 훌륭한 점을 많이 갖춘 청양고추의 종자권은 어느 나라가 가지고 있을까. 우리나라의 소유라고 말할 수 있으면 얼마나 좋으랴.

청양고추는 우리나라 육종가가 중앙종묘에 재직할 때 제주산 고추와 태국산 고추를 교배해서 개발한 신품종이다. 그 회사는 때마침 불어 닥친 외환위기 여파로 세계 1위 종자회사로 넘어가는 바람에 고추의 종자권도 고스란히 몬산토 소유가 되었다. 그 뒤 2018년 5월 독일의 제약회사 바이엘이 몬산토를 인수했기 때문에 청양고추의 종자권은 다시 바이엘로 넘어갔다. 고추를 먹을 때마다 우리는 바이엘사에 로열티를 낼 수밖에 없게 되었다. 우리 땅에서 농사지은 것일 뿐 우리나라의 종자가 아니다. 국내 종자회사 대부분이 외국계 회사에 팔려나가 국내 종자의 산업토대가 무너지고 있는 현실이 안타깝다. 매일 먹는 음식도 외국회사에 로열티를 지불하고 먹어야 하는 세상이 되었다. 아무리 좋은 종자를 개발해도 잘 지키지 못하면 남의 것이 될 수밖에 없지 않은가.

　농업의 반도체 산업이라고 불리는 종자 산업의 세계 시장 규모는 2018년 약 90조 원에 이른다고 한다. 먹거리에 대한 사람들의 관심이 높아지면서 종자 산업의 부가가치도 덩달아 높아지고 그만큼 식량과 먹거리에 대한 중요성은 점점 커지고 있다. 이런 상황에서 비용을 줄이고 안전한 먹거리를 찾으려면 어떻게 해야 할까. 우리의 소중한 자원인 토종 종자를 찾아 그것들을 잘 보존해야 한다. 종자를 지키려면 소비자들의 인식이 바뀌어야 하리라. 겉모양이 좋고 이름 있는 상표보다는 다소 생김새가 투박하더라도 토종 씨앗으로 생산한 먹거리를 소비자들이 찾는다면 생산자는 그런 상품을 만들려고 노력하게 되지 않겠는가. 나라에서는 국내 종자 기업이 개발한 우수 품종을 세계에 널리 알리고 종자 수출을 확대하여 위축된 우리나라 종자 산업에 활기를 불어넣을 수 있도록 해야 하리라.

　인류는 먹거리를 나누어 먹고 더불어 살아가야 한다. 인류의 먹거리를 놓고 힘 있는 자가 힘없는 사람의 기본권을 무시하면 되겠는가. 종자 독점은 인류 공동체를 파괴하는 재앙이 될 수 있다. 그 누구도 종자를 독점하면 안 되리라. 옛사람들은 씨앗을 심을 때 한 곳에 세 개씩 심었다고 했다. 씨앗 하나는 벌레를 위해, 또 하나는 새를 위해, 마지막 하나는 사람을 위해. 사람이 심을 때는 정확히 개수를 세어 심을 수 있겠지만 작은 씨앗을 기계로 심을 때는 그게 어렵다고 한다. 한 곳에 열 개도 넘게 쏟아져서 싹이 많이 난다고 한다. 그래서 제때에 솎아 내야 한다. 얼마 전에 무를 솎았다. 그런데 싹튼 무의 씨앗 껍질이 가끔 눈에 띄었다. 무씨는 옅은 갈색으로 알고 있었는데 갈치 비늘 색처럼 반짝이는 형광색이었다. 의아스럽게 여기면서 그냥 지나치고 말았는데 이번에 알게 되었다. 씨앗을 새가 먹지 못하도록 약으로 코팅해 놓아서 그렇다는 것이다. 새나 벌레도 전혀 못 먹게 하고 모두 다 먹겠다니 인심이 고약해졌다고 날짐승들과 벌레들이 한숨짓는 소리가 들리는 것 같다.

　이젠 직접 씨앗을 사서 농사지어 먹는다고 해도 건강한 먹거리라고 말할 수 없을 것 같다. 새들도 먹을 수 없는 씨앗에서 나온 채소를 사람이 먹고 있으니 말이다. 그래도 씨앗의 희망을 사람에게 걸 수밖에 없다. 농부가 씨앗을 소중히 여기는 마음으로, 건강한 우리의 미래를 위해 씨앗을 잘 보존해야 하리라. 씨앗의 다양성 확보는 식량 주권과 안보의 중요한 문제이다. 씨앗을 잃는 것은 우리 앞날을 잃는 것이고, 씨앗을 지키는 것은 곧 생명을 지키는 일이 아닌가. 다국적 종자 기업의 횡포에 맞서 재래종 씨앗을 보존하고 보급하는 운동이 우리나라에서도 민간단체를 중심으로 활발하게 움직이고 있다니 다행이라 여긴다.

　씨앗이라는 말은 참 정겹다. 작은 씨앗 속에 보이지 않는 커다란 우주가 들어 있기에 그렇다. 씨앗 하나만 보면 얼마만큼 커질지, 그 수가 얼마나 많아질지 가늠하기 어렵다. 무한한 잠재력을 품고 있는 게 씨앗이 아니던가. 씨앗은 우리에게 힘을 내어 살아갈 수 있게 매일 자양분을 제공해 주니 얼마나 고마운가. 꽃을 피우고 씨를 맺어 자손을 퍼뜨리는 일은 식물이 할 일이다. 그러나 요즘 새로 개발된 채소나 곡식들은 꽃을 피우고 씨를 맺어도 자신과 똑같은 자손을 퍼뜨릴 수 없으니 안타깝다. 이제 노란 장다리꽃 위로 흰나비가 날아다니던 아름다운 모습은 어디에서 찾아볼 수 있을까.

상처

누구도 의도적으로 남에게 상처를 주려고 하는 사람은 없다. 자신은 다른 사람에게 상처를 주지 않는다고 생각하지만, 자기도 모르게 상처를 주는 일이 비일비재하다. 상처는 시간이 지나면 무디어진다. 어떤 일들은 시간이 지날수록 상처가 깊어지기도 한다. 오래전 지하창고 한구석에 숨겨져 있던 생각들이 파닥이는 비둘기의 날갯짓처럼 불현듯 튀어나온다.

엄지손가락 끝을 깊이 베었다. 병원에 가서 즉시 꿰맸지만 다친 손가락은 욱신욱신 쑤시고 약을 먹어도 통증이 가라앉지 않았다. 다친 손끝이 물건에 부딪히기라도 하면 아파서 소스라치게 놀란다. 손가락에 붕대를 감고 있으니 불편한 게 한둘이 아니다. 물건을 잡아도 자꾸 놓치고 마음대로 씻을 수도 없다. 옷의 단추 끼우는 일조차도 잘할 수가 없다. 뭉툭한 손끝은 컴퓨터 자판을 두드릴 때도 오타를 자주 낸다. 손을 다치고 난 뒤에야 나는 손가락의 소중함을 다시 생각하게 되었다. 부엌일을 하면서 소중한 손을 잠시 소홀히 하는 바람에 이렇게 다쳤다. 시간이 지나면 나을 거라고 믿기에 불편함을 참고 잘 견딜 수밖에 없다.

잠시 하던 일을 멈추고 창밖을 내다보다가 집 앞 화단의 나무에 시선이 갔다. 우리 집 앞에는 나무가 많다. 길 쪽으로는 키가 큰 메타세쿼이아가 병풍을 두르듯이 죽 서 있고 은행나무와 벗나무, 목련, 그 사이사이에 라일락, 꽃사과나무, 단풍나무, 향나무가 서 있다. 나무들은 아파트의 동과 동 사이에 서서 자연 가리개 역할을 충실히 하므로 커튼도 필요 없을 정도다. 크고 작은 나무가 저만 생각하지 않고 서로 도우며 잘들 자란다. 봄이 되면 목련은 제일 먼저 우윳빛 비단옷을 입고 고고한 자태를 뽐낸다. 벗나무 꽃망울이 한둘 축포를 터뜨리기 시작하면 뭉게구름이 피어오르듯 벚꽃이 활짝 피어난다. 그들은 며칠 동안 동네를 환하게 밝히다가 화르르 지고 꽃사과나무꽃이 그 뒤를 잇는다.

우리 집 창가에 가까이 있는 꽃사과나무는 화사한 벚꽃이 한물지고 나면 기다렸다는 듯이 탐스럽게 꽃을 피우기 시작한다. 그 나무엔 초록색 작은 잎이 먼저 돋아나고 나서 잎 사이사이에 군데군데 선혈로 점을 찍어 놓은 듯 꽃망울이 얼굴을 내민다. 그 모습은 그림으로 표현하고 싶을 만큼 처연하다. 핏빛 작은 꽃봉오리는 하루 이틀 지나면서 크기가 콩만큼 부풀며 진분홍빛으로, 꽃봉오리가 벌어지면서 연분홍빛으로 바뀌며 절정을 이룬다. 가끔 나무는 가지를 안방 쪽으로 뻗어 창문을 톡톡 친다. 나뭇가지가 부러질까 조심하며 옆으로 젖혀 주면 얼마 안 가 꽃다발을 한 아름 안고 은은한 향기를 풍기며 다시 창가로 온다. 나무는 우리 가족을 꽃대궐에 사는 것처럼 호사스럽게 해 주었다.

여름이 되자 일 층에 이사 온 아주머니가 나무에 가려 집 안이 어둡다고 가지치기해야겠다며 신청서를 가지고 왔다. 썩 내키지는 않았지만, 동의란에 서명했다. 며칠 후 나는 나무들의 모습을 보고 아연실색하고 말았다. 모두 전쟁을 치른 후의 마을처럼 처참하게 변해 있었다. 라일락꽃 나무는 몸통이 모두 잘려 밑동만 남았고 벚나무도 큰 가지 하나가 없어지고 외팔이가 되었다. 우리가 좋아하는 꽃 사과나무는 가지가 다 잘려 나가고 원줄기만 남아 몽당비를 거꾸로 세워 놓은 것처럼 서서 살려 달라고 외치고 있었다. 삼십여 년을 눈비 맞으며 잘 자란 나무가 순식간에 참혹한 모습으로 변할 줄 누가 알았겠는가. 늘어진 가지만 쳐내는 줄 알았던 나는 그토록 나무를 잘라버린 일 층 아주머니와 조경에 문외한인 관리소 직원에게 분노를 느꼈다.

나는 관리소로 뛰어가서 가지치기를 그렇게 심하게 할 수 있느냐며 와서 보라고 했다. 그들은 현장에 와 보고 미안하다며 나무는 곧 자라날 테니 염려 말라고 강 건너 불구경하듯 대수롭지 않게 말했다. 그때만 해도 또 다른 일이 기다리는 줄은 몰랐다. 잎이 무성했던 나뭇가지가 없어지자 따가운 햇볕이 내리쬐었고 시원했던 안방의 실내기온이 올라가기 시작했다. 우리는 나무를 자르는 데 동조한 죗값을 단단히 치러야 했다. 나는 꽃사과나무가 우리에게 큰일을 하고 있다는 것을 그늘이 없어진 뒤에야 알게 되었다. 더운 날도 안방에 들어서면 숲속에 들어선 것 같은 시원함을 맛보았는데, 그 즐거움마저도 사라졌다.

나는 몸에 상처가 나면 그 상처를 빨리 낫게 하기 위해 약을 바르고 온 정성을 다한다. 하지만 나에게 많은 도움을 주었던 고마운 나무가 생사의 갈림길에서 헤매고 있을 때 아무것도 해 주지 못했다. 고작 화단에 들어가서 나무가 살아나기를 간절히 바랄 수밖에 없었다. 나무를 쓰다듬으며 지켜주지 못해 미안하다, 고맙다고 말하는 것 외엔 아무것도 할 수 없었다. 내가 살아오면서 나무에 미안한 마음을 이렇게 오랫동안 갖고 있었던 적은 없다. 아파트 사 층을 훌쩍 넘어가던 큰 나무는 지금 일 층 창문턱에 겨우 닿는 작은 나무가 되었다. 일 층 아주머니는 자기 생각대로 된 것에 만족해했겠지만 나무는 큰 상처를 입고 고생을 하지 않는가. 나의 간절한 바람은 헛되지 않아 지난봄 대견하게도 푸른 가지를 여러 개 내밀었다. 비록 비바람에 뒤집힌 비닐우산처럼 우스꽝스러운 모습이지만 다시 살아난 듯 보였다. 올해도 가지가 몇 개 더 나고 살아나는 것 같더니 그만 나뭇잎은 점점 마르다가 가랑잎이 되었다. 팔을 다 잘라 놓고 살아나기를 바라는 게 과욕이었을까.

 그동안 내 손의 상처는 아물었다. 손끝에 단단한 응어리를 만든 채. 응어리가 풀리고 지문이 생겨 다른 손처럼 제 구실하게 될지 이렇게 감각이 무딘 채로 지내게 될지는 아직 모른다. 이처럼 상처를 입기는 쉽지만 본래 상태로 되돌리기는 어렵다. 또 상처는 아물어도 흉터는 남지 않는가. 남이야 어찌 되든 자기만 좋으면 그만이라는 이기심이 다른 이들에게 상처를 입힌다. 아래층 아줌마의 자신만을 위한 선택이 이웃을 힘들게 하고 소중한 나무의 생명을 해친 것처럼. 작은 상처를 입으면 그것을 승화시켜 더 좋은 방향으로 발전시킬 수도 있지만, 큰 상처는 영영 되돌릴 수 없을 뿐 아니라 생명을 잃게 하기도 한다. 꽃사과나무가 사라지는 걸 보면서 나만을 위한 이기심으로 남에게 상처를 주지 않았는지 성찰의 시간을 갖는다. 나의 언행으로 인하여 상처를 입은 사람은 얼마나 될까. 남의 잘못을 탓하기에 앞서 나를 돌아보고 정구 업 진언이라도 해야 할 것 같다.

물결

어떤 사람의 마음은 바람이 일어날 때 찰랑거리다가 잔잔해지는 호수의 물 같다. 그저 조용히 산다. 큰 소리를 내지 않고 성낼 줄도 모르며 남에게 피해 주는 일도 하지 않는다. 그런가 하면 어떤 이의 마음은 바다에서 이는 큰 파도 같이 변화무쌍하다. 성난 파도는 배를 뒤집고 해안가를 덮쳐 사람들에게 피해를 주기도 하지만, 가끔 물에 떠 있는 녹조나 쓰레기를 치워 주는 일도 하지 않는가. 바닷물처럼 파동이 큰 사람은 다른 사람에게 상처를 주고 힘들게 하는 한편, 여느 사람이 생각지 못하는 좋은 일을 하기도 한다.

내가 중학 입학시험을 보던 중에 연필이 부러졌다. 연필이 더 있었지만, 불안했다. 쉬는 시간에 내 옆에 앉은 아이와 말을 하다가 그 이야기를 했더니, 그 애는 필통에서 연필 한 자루를 꺼내 나에게 주었다. 나는 처음 보는 나에게 베푸는 마음 씀씀이가 넓은 열세 살짜리에게 감동했다. 다행스럽게도 나는 그 애와 같은 학교에 다닐 수 있었다. 그 애와 가까이 지내보고 싶었지만, 삼 년 동안 한 번도 같은 반에 배정받지 못한 채 졸업하고 서로 다른 학교로 진학하고 말았다. 고등학교 이 학년 때, 나의 철옹성 같은 믿음을 깨는 소문이 들려왔다. 그 아이가 친구의 옷을 훔쳤고 그것을 뒷받침하는 증거도 드러났다고 한다. 나는 소문을 믿고 싶지 않았지만 흔들리는 마음은 어찌할 수 없었다.

십여 년 전, 여름이었다. 마침 여름휴가 기간이 임박했을 때 내가 갑자기 몸이 아파 병원에 가게 되었다. 휴가 중에 해야 할 일직을 못 하게 되었는데 사정을 알게 된 강이 대신 일직을 해 주었다. 내가 나은 후에 갚으려고 했더니, 강은 그냥 해 주고 싶었다며 받지 않았다. 강은 성정이 강팔라서 지난해에 사소한 일로 동료와 머리채까지 잡고 싸운 보기 드문 사람이다. 처음 그녀와 같이 근무하게 되었을 때, 좋지 않은 일에 얽히면 어쩌나 걱정하며 살얼음판을 걷듯 몇 달을 보내는 중이었다. 나는 그로부터 도움을 받고 그에게 소문과는 다른 면도 있다는 것을 알게 되었다. 사람은 자신에게 잘해 주면 좋은 사람이라고 생각하기 쉽다. 내가 어려울 때 도움을 준 사람을 안 좋은 사람이라고 어떻게 말할 수 있겠는가.

어떤 사람의 마음은 폭이 넓어서 높은 파도처럼 마루가

높고 골이 깊다. 그런 사람은 음의 폭이 넓은 악기가 높고 낮은 음역을 넘나들며 고음과 저음을 자유자재로 소리 내듯 마음의 물결이 위아래로 널뛰기한다. 파동이 큰 이는 보통 사람들이 하지 않는 일을 하기도 하고 어려운 일에 앞장서기도 한다. 한 사람은 게임과 관련된 일을 하다가 법에 저촉되어 옥살이를 하기도 했다. 그렇지만 어려운 처지에 있는 사람을 보면 솔선하여 도와준다. 마치 남을 도와주기 위해 태어난 사람처럼 어려움에 부닥친 남의 일에 혼신을 다 기울인다. 내 주변에는 마음의 파동이 작은 사람이 더 많다. 물결이 잔잔하게 일렁이며 물속의 작은 생명을 감싸주듯 조용하게 지낸다. 특별히 남을 기쁘게 하거나 힘들게 하지 않고 사회규범이나 법을 잘 지키며 자신이 맡은 분야의 일을 하며 살아간다.

물은 쉬지 않고 움직인다. 항상 같은 물처럼 보이지만 새로운 물이다. 우리의 마음도 시시각각 끊임없이 변화하며 새로워진다. 큰 물결처럼 폭이 넓은 사람이 좋은가. 잔잔하고 변화 없는 사람이 좋은가. 사람을 좋다 안 좋다고 평가하는 것은 어려운 일이 아닌가. 마음의 폭이 다를 뿐, 선하기만 한 사람도 없고 악하기만 한 사람도 없는 것 같다. 사람은 마음의 움직임에 따라 살아간다. 마음은 곧 그 사람이라고 하지 않는가. 마음의 물결은 어디에서 비롯되는가. 마음을 어떻게 다스리느냐에 따라 광풍이 몰아치는 황량한 벌판이 되기도 하고 새가 노래하는 아름다운 정원이 되기도 한다.

　바다 위에 떠 있는 하얀 부표가 오르락내리락 춤을 춘다. 어제까지만 해도 잔잔하던 바다가 오후에는 파도를 몰아온다. 수시로 변하는 물결은 우리의 마음을 닮았다. 마음의 변화에 이끌려 평정심을 잃고 있지는 않은지 다잡아 둘 일이다.

이소

　아침에 일어나서 창문을 연다. 새소리가 들린다. 아침에 새가 지저귀는 소리를 들을 수 있는 것은 행복한 일이다. 우리 가족은 밖에 나갔다 오면 새의 근황을 묻는다. 못 본 사이에 뭔가 달라진 게 있을까 하고. 새들은 우리를 기다렸을까. 황지우 시인은 기다리는 것보다 가슴 아린 일은 없다고 하지 않았는가. 기다림이란 희망도 있지만, 걱정과 불안도 있는 것 같다. 새집을 매달아 놓고 오 년 동안 기다리다가 지쳐갈 때 처음 깃들인 새들이다.

　어린 새끼를 둔 어미 박새는 이른 아침에는 활동하지 않고 조용히 집에 있다. 기온이 낮은 이른 아침에는 어린 새끼들이 저체온증에 걸릴까 봐 품고 있는 게 아닐까. 나는 동물도 사람의 생활 방식과 비슷할 거로 생각하는 경향이 있다. 며칠 사이 어미 새의 먹이 주는 모습이 달라졌다. 처음 얼마 동안은 먹이를 물고 집으로 들어가서 새끼들에게 먹이고 입에 똥을 물고 나왔다. 보름쯤 지나자 어미 새는 집 안에는 들어가지도 않고 문 앞에 발만 걸치고 서서 먹이를 먹여 주고, 되돌아 날아가서 금세 벌레를 또 물어온다. 어미가 바쁘게 움직이는 걸 보면 새끼들이 많이 큰 것 같다.

사흘 전부터 목에 검은 띠가 선명한 새끼 박새가 문으로 머리를 내밀고 낯선 세상이 신기한 듯 땅을 한참 동안 내려다본다. 무엇을 보고 있는 걸까. 영산홍 나무와 풀을 보고 있는 걸까. 새들은 시력이 좋다는데 벌써 땅에서 기어 다니고 있는 개미나 벌레 등을 보고 있는 걸까. 나처럼 꽃양귀비를 보며 아름답다고 감탄하고 있을까. 이젠 몸을 반쯤 내밀고 위쪽을 쳐다보기도 한다. 한 마리가 문에 앉아 있다가 들어가면 또 다른 새가 번갈아 머리를 내밀고 내다보는 것 같다. 호기심 많은 아기 박새가 문에 오래 앉아 있겠다고 떼써서 자리다툼이 일어나지는 않을까. 나는 산책할 때마다 일부러 새집 쪽으로 간다. 그쪽에서는 "쓰삣쓰삣" 정겨운 새소리가 가늘게 들려온다. 자주 그쪽으로 귀를 주곤 했다.

아침마다 잠에서 깨면 나는 새집 쪽으로 온통 관심을 기울인다. 한곳에 집중하다 보면 보이지 않는 곳에서 일어나는 일도 알 수 있지 않던가. 새들이 날아갈 때가 된 것 같아서 오늘도 일찍 일어났다. 어미 새는 다른 날보다 특이한 행동을 한다. 뭔가 다른 일이 있는 듯 집 주위를 바삐 돌아다닌다. 여느 어머니라면 먼 길 떠나는 자식들을 위해 맛있는 밥을 지어 먹이련만 새는 좀 다른 것 같다. 오늘 아침은 먹이를 잡으러 가지도 않는다. 독립심을 길러 주려 함인가. 아침 일찍부터 울타리처럼 쳐진 키 작은 사철나무 사이를 토끼뜀 뛰듯 조금씩 날아서 꽃밭 가장자리를 지나 느티나무로 올라간다. 큰 나무 위로 곧장 날아가지 않고 땅에서 가까운 낮은 나무 사이를 날아다니는 것은 아기 새들이 집 밖으로 나왔을 때 위험한 것들은 없는지 살펴보는 게 아닐까. 어미 새는 이동하면서 계속 소리를 냈다. "이젠 안전해, 걱정하지 말고 엄마 따라서 와."라고 말하는 것처럼. 박새는 보금자리에서 십 미터 정도 떨어져 있는 느티나무 가지에 앉아 "쯔삣쯔삣" 소리를 냈다. 아비 새인 듯 박새 한 마리는 새집 바로 위의 나뭇가지에 앉아서 지켜보고 있다. 나는 새집 안에 박새 새끼가 다섯 마리 정도 들어 있을 거라고 짐작한다. 잠시 부르고 말겠지만, 새들에게 이름을 붙여 주기로 마음먹었다. 처음 나오는 새부터 일박이, 두 번째는 이박이라고 차례로 부르기로 했다.

　사람이 번지점프 준비하듯, 맨 먼저 일박이가 동그란 문에 몸을 내밀고 주변을 둘러보았다. 날아갈 준비를 하는가 했더니 어미가 있는 느티나무를 향해 힘껏 비상했다. 일박이 날개에 은색의 빛 가루가 내려앉고 있었다. 잠시 후 이박이도 고개를 내밀고 잎이 무성한 느티나무를 향해 사랑스러운 날개를 힘껏 펼쳤다. 어미가 앉은 나뭇가지 근처에서 일박이와 이박이도 다른 새들을 기다린다. 삼박이가 문에 서더니 좌우를 둘러본 후 어미가 있는 느티나무를 향해 힘차게 날아갔다. 연이어 사박이도 나는 데 성공했다. 다른 새보다 작은 오박이가 문에 서더니 목표물을 향해 날았다. 성공이었다. 작년에 집 앞 바위틈에서 박새가 새끼 다섯 마리를 키운 것을 보았기에 이번에도 다섯 마리가 있었다면 모두 날아갔을 거로 생각하며 돌아서려는데 눈길이 떨어지지 않았다.

조금 사이를 둔 후 안에서 무엇인가 어른거리더니 또 한 마리의 작은 새가 문에 섰다. 다른 새에 치여 먹이를 못 먹었는지 그렇게 태어났는지 작고 볼품없는 새였다. 쭈뼛거리는 새의 모습이 자신감 없는 아이처럼 보여 지켜보는 나를 조마조마하게 했다. 어릴 적 도랑을 건널 때 도랑에 빠지지 않으려고 온 힘을 다하던 마음으로 육박이를 힘껏 응원했다. 잠시 후 육박이도 날개를 펼쳤다. 그러나 육박이는 느티나무까지 가지 못하고 꽃밭에 있는 영산홍 나무 위로 떨어지고 말았다. 다행히 다치지는 않았는지 금세 콩콩 뛰어 영산홍 나무 사이로 들어갔다. 급히 나가 보았으나 새는 어디로 갔는지 보이지 않았다. 고양이에게 희생되지 않을까. 걱정되었지만, 희망을 품는다. 다시 날아올라 어미에게 갔으리라고. 그새 느티나무 위에 있던 박새들도 모두 어디로 갔는지 보이지 않았다. 새들은 첫 나들이를 어디로 갈까.

나는 새들이 조금씩 날기 연습하다가 익숙해지면 집을 떠나는 줄 알았다. 그러나 박새들은 날기 연습을 한 번도 하지 않고 곧바로 날아갔다. 집 쪽은 쳐다보지도 않은 채 야멸치게 떠났다. 섭섭하고 허전했다. 우리 아이가 집을 떠났을 때처럼. 반백 일 근처에서 머문 인연이 그토록 가벼운 인연이었을까. 그동안 새들이 고양이나 다른 동물에 해를 당할까 봐 걱정되기도 했는데 무사히 이소하니 마음이 편안해졌다. 아무 일도 하지 않고 지켜만 보았을 뿐인데 큰일이나 해낸 것처럼 뿌듯했다. 빈집으로 남을 뻔했던 집에 처음 깃들인 박새 가족이 고맙다. 그들이 마음껏 창공을 날아다니며 잘 살아가기를 바란다. 이제 어디선가에서 박새를 보고 지저귀는 소리를 들으면 우리 집 앞에 있던 새인 양 생각되어 더 반가울 것 같다. 내년에도 깃들이기를 바라는 마음으로 박새를 기다리는 나무가 되어 발돋움한다.

손

 길고 가는 손가락이 흐트러진 머리카락을 쓸어 올린다. 아름답다. 꿈에 그리던 손이다. 나무에 단단하게 박힌 옹이를 잘 다듬어 멋진 예술작품으로 만들어내는 목공예가처럼 좋은 일을 많이 하는 손을 가진 사람은 얼마나 행복할까.

 탁구대회에 나갈 교내 대표로 연습하는 중이었다. 남녀 복식 게임을 하려고 서 있는데, 나와 복식 팀인 기사가 내 손을 보며 "맞으면 아프겠다."라고 말했다. 같은 팀이라 호흡이 맞아야 하는데 그러기는커녕 시작부터 마음을 불편하게 하는 그에게 서운했다. 그는 자기가 무심코 한 말이 남을 찌르는 가시라는 걸 알기나 했을까. 하필 매 맞는 걸 생각해 냈을까. 어려서 부모님께 맞고 자랐을까. 마음 한구석이 아려온다. 대수롭지 않게 생각하려 해도 쉽게 떨쳐 버리지 못하는 건 내 마음속 깊은 곳에 숨겨 놓았던 열등의식이 살며시 고개를 내밀었기 때문이리라.

 약혼반지 맞추러 간 날 시어머니 앞에 큰 손을 내보이는 게 부끄러웠지만, 어쩔 수 없었다. 보석 가게 주인이 크기 순서대로 끼워져 있던 여러 고리 중에서 큰 쪽의 고리를 들어 올리며 반지 호수를 확인할 때 민망해서 숨고 싶었다. 일흔이 다 되신 어머니의 손엔 잔주름이 있었지만, 손가락에 낀 오팔 반지와 잘 어울릴 만큼 손이 고왔다. 반짝거리는 약혼반지가 내 손을 더 드러나게 하고 일하는 데 불편해서 가끔 반지를 빼놓고 다녔다. 반지를 안 끼고 간 날 손위 시누이를 만났는데 보석이 작아서 안 끼었느냐고 오해를 하기도 했다. 융통성 있게 처신하지 못하는 나 자신이 싫었던 날이다.

 나는 예쁜 모양의 가죽장갑을 사고 싶어도 손에 맞지 않아 못 사고 신축성이 있어 잘 늘어나는 모 장갑을 사야만 했다. 가느다란 손가락과 작은 손이 부럽지만, 몸이 큰데 손만 작아지기를 기대하는 것도 무리한 바람이리라. 내리사랑이라고 했던가. 내가 손이 크다고 투정하면 할머니는 손이 크고 두터우면 재복을 타고난 거라고 위로해 주셨다. 우리 형제자매는 아버지를 닮아 몸집이 크다. 할머니는 과묵한 분인데도 나에게는 말씀을 아끼지 않고 극진히 대하셨다. 막내로 둔 외아들에게서 태어난 맏손녀에게 기대도 많이 하셨다. 추운 날 밖에 나갔다 들어오면 내 손을 잡아 따뜻한 아랫목에 넣어 주며 소소한 일을 해도 칭찬해 주셨다. 할머니는 과자나 사탕 등 먹을 것들을 주실 때도 내 손에 넘치도록 주셨다. 어릴 때 나는 그런 게 할머니가 베푸는 사랑의 척도라고 생각했다. 다른 사람보다 많이 먹어서 내 손이 더 커졌는지도 모른다.

나는 손을 소홀히 할 때가 있다. 큰 손을 거칠게 하는 데는 내 생활습관도 한몫을 한다. 봄에는 나물을 좋아해서 자주 산다. 쌉싸래한 맛이 나는 머위 잎을 다듬으면 손에 풀물이 든다. 내 눈에는 풀물 든 손이 밉지 않게 보인다. 우엉이나 연근, 더덕을 통째로 사다가 다듬으면 손에 검은 물이 들고 거칠어지지만, 껍질을 벗겨 놓은 것을 사는 것보다 가족의 건강을 위하여 좋을 거라고 매번 그런 일을 반복한다. 아파트 앞 화단을 지나가다가도 잡초가 보이면 그냥 지나가지 않고 뽑는다. 그러니 손이 거칠어지지 않고 배길 수 있겠는가.

내 큰 손을 좋아하는 사람은 할머니와 부모님뿐이었는데, 결혼하면서 한 명 더 늘어났다. 바로 남편이다. 우리 집에 인사하러 왔을 때 어디가 마음에 들었냐고 물으니 큰 손도 마음에 들었다고 해서 모두 웃었다. 나는 어려서부터 부끄러움을 많이 타서. 여러 사람 앞에서 손으로 하는 일들을 주저했다. 특히 구운 오징어를 먹기 좋게 찢어 놓거나, 과일 깎는 일 같은 것들을 잘하지 못했다. 사진 찍을 때 흔히 손가락으로 하는 하트모양 만들기나 브이 자 그리기, 주먹 쥐고 파이팅 외치기, 같은 것을 요즘도 거의 하지 못한다.

주눅 들어 사는 내 손은 생김새와는 달리 잘하는 것도 많다. 중학교에 입학해서 펜글씨를 쓸 때, 반 친구들이 내 자리로 와서 글씨가 예쁘다며 글씨 쓰는 걸 들여다보기도 했다. 학교에 재직할 때는 판서해 놓은 것을 본 사람들이 필체가 좋다며 칭찬하는 말을 여러 번 들었다. 컴퓨터가 보급되어 워드프로세서가 본격적으로 사용되기 전까지 반 어린이들의 통지표나 각종 장부에 정성껏 써 놓은 바른 글씨를 보면 내 마음도 뿌듯했다.

내 손은 바느질도 좋아한다. 중학교 다닐 때부터 옷을 만들어 입었고, 그 후에도 옷, 이불, 방석 등을 만들어 사용했다. 요즘에는 재단하는 법을 정식으로 배워서 가끔 옷을 만든다. 중학교 삼학년 때는 동양 자수를 놓아 결혼하는 고종사촌 언니한테 선물했다. 진한 남색 바탕의 공단 천에 도라지꽃들을 곱게 수놓은 액자는 언니의 결혼을 축하하는데 큰 몫을 했다. 뜨개질도 좋아한다. 고등학교 졸업하고 잠시 시간이 났을 때 주황색 털실로 여동생 스웨터를 떠서 입혔는데 몸에 맞춘 듯 꼭 맞았다. 결혼한 다음 해는 시어머니께 설 선물로 스웨터를 떠 드렸더니 매우 기뻐하셨다.

크고 투박한 손이지만, 그동안 뒤로 감춰 외로워했을 내 손에게 이제는 고맙다고 말해 주고 싶다. 손이 하는 일도 많은데 부끄러워만 하던 나 자신이 오히려 부족한 사람이 아닌가. 아무리 예쁜 손이라 하더라도 당길심만 많으면 미워 보이고 손이 못생겼다 하더라도 그 손으로 많이 베풀고 남을 도와준다면 아름다운 손이 되지 않겠는가. 다른 눈으로 들여다보니 비록 투박하지만 자기 일을 잘 해내는 손이 대견하다. 손이 아름답거나 그렇지 못하다거나보다 그 손으로 무슨 일을 어떻게 하는지가 더 중요하리라.

촛불

심지에 불을 댕긴다. 초가 녹아내리면 한 줄기 빛이 쏟아지고 불빛은 금세 어둠을 삼킨다. 방 안은 잠에서 깨어나듯 환해진다. 흔들리는 불꽃은 나를 새로운 상상의 세계로 데려간다. 촛불 앞에 앉으면 어느새 찌든 때를 벗겨 낸 듯 순수한 내가 된다. 제 몸을 태워 우리에게 빛을 밝혀 주는 촛불을 보고 있으면 경건함마저 느낀다.

어릴 때 어른들은 상을 당한 집에 갈 때 초를 사 갔다. 외로운 사람에게 촛불은 빛뿐만이 아니라 사랑을 전해 주었다. 적적한 밤에 촛불을 켜면 가족을 잃은 슬픔도 조금은 줄어들었으리라. 요즘도 나는 가끔 촛불을 켠다. 촛불을 켜고 책을 읽으면 책에 몰입하게 된다. 촛불 아래서 음식을 먹으면 더 맛있는 것 같다. 촛불을 켤 때면 내 곁을 떠난 선이가 생각난다.

선이와는 한동네 살고 같은 직장에 다녔다. 아이들도 비슷한 또래라 공유하는 부분이 많아서 우리는 가끔 만났다. 그 친구는 나이에 비해 어떤 일의 결정이나 사리 판단도 신속하게 잘했다. 우리는 가끔 공원에서 다른 친구와 셋이 만나 이야기를 나누곤 했다. 말하던 중에 선이가 이젠 우리도 죽음을 생각하고 삶을 정리할 때라고 말했다. 우리가 쉰 살이 갓 넘었을 때다. 그 말을 들은 나와 다른 친구는 그러기에는 아직 이르다고 펄쩍 뛰며 나무라듯 말했다.

선이는 매우 검소했다. 유행을 따르거나 자신을 치장하는 데에는 돈을 잘 쓰지 않았다. 하루는 모임이 끝나고 친구들과 같이 백화점에 가서 옷을 고르고 있었다. 선이는 조금 둘러보다가 집에 있는 장롱에서 옷을 찾는 게 더 낫다며 먼저 갔다. 하지만 남을 돕는 데는 아끼지 않았다. 교회에서도 어려운 이들에게 물질로 돕는 건 물론, 거동하기 불편한 분이나 집이 먼 분들을 위하여 손수 차를 운전하기도 했다.

몇 년 전 겨울 내가 다리를 다쳐 목발을 짚고 다닐 때였다. 비 오는 날이라 길이 미끄러우니 출근하는 걸 도와주겠다고 선이가 우리 집까지 왔다. 나의 근무처는 우리 집에서 매우 가까워서 걸어서 5분 정도만 가면 된다. 내가 목발을 짚고 천천히 가더라도 단시간에 갈 수 있다. 선이는 우리 동네에 살다가 얼마 전 십 리 밖으로 이사했는데, 그날은 마음 상태가 좋으니 오겠다고 하며 일부러 우리 집 앞으로 와서 학교까지 나를 태워다 주었다.

 그 후 얼마 안 되어 선이의 이야기를 듣고 나는 깜짝 놀랐다. 대장암 말기라 길어야 6개월 정도 더 살 수 있을 거라고 의사가 말했단다. 어쩐지 그날 말하는 게 다른 날과 좀 다르긴 했다. 자신이 그런 처지인데도 다리 다친 나를 도와주러 왔다니 고마운 마음이 밀물처럼 밀려왔다. 내가 아픈 건 그에 비하면 조족지혈에 불과한 게 아닌가. 병원에 다닐 때 도와주고 싶었지만 시간 맞추기가 어려워 못했다. 퇴원할 때, 한 번 집까지 태워다 주었을 뿐 차량 봉사도 아무나 할 수 있는 게 아니었다. 나는 기껏해야 김치를 몇 번 담가서 갖다주고, 추석 때 송편을 빚어서 나물과 함께 가져다주었을 뿐이다.

 선이가 암 병동에 입원해 있을 때 내가 내색을 하지 않으려 해도 안쓰러워하는 기색이 보였는지 나에게 이렇게 말했다. "이 병동에 입원한 암 환자 중에는 나보다 젊은 사람들이 더 많아. 나는 환자 중에서 나이가 많은 편이야." 오십대 후반의 선이는 몸이 아파 힘들면서도 자신은 늘 감사하다며 젊은 환자들을 안타까워했다. 선이는 병이 난 해 봄부터 주변을 정리하며, 끝맺음을 할 수 있는 시간이 주어져서 다행이라고 여기고 있었다. 그 친구는 떠나기 전에 아이들을 결혼시키고 싶어 했는데, 다행스럽게도 남매 둘 다 사귀는 사람이 있었다. 딸과 아들은 엄마의 뜻에 따라 그해 삼월과 오월에 결혼했다. 아마 엄마가 건강하게 오래 살았다면 그 애들의 결혼이 늦어졌을지도 모른다.

그 친구는 아이들에게 자기가 죽으면 장례식 절차를 생략하고 평소에 입던 옷을 입혀 화장해 달라고 했다. 장례식 비용 아낀 것과 치료비하고 남은 돈은 어려운 이들을 위해 쓰라는 유언과 함께. 그 친구는 예순 살이 되던 해 첫날 세상에서의 어려움을 훌훌 털어버리고 가볍게 떠났다. 딸과 아들은 엄마의 뜻에 따라 일억이 넘는 돈을 기부하여 어려운 이들에게 빛을 주었다.

나는 가끔 대중 매체를 통해 흐뭇한 소식을 보고 듣는다. 모 회사 회장이 수천억을 기부했다거나, 노점에서 김밥 장사를 하면서도 자기보다 더 어려운 이들을 위해 쓰라고 아껴 모은 돈을 내놨다는 이야기를 듣고 그분들이 훌륭한 일을 한다고 생각했지만 먼 곳의 이야기처럼 내게 와닿지 않았다. 팔이 안으로 굽는다고 했던가. 친구 선이가 떠나면서 나눔을 실천한 것은 대단하다고 생각한다. 오늘 같은 날 촛불을 켜면 어려운 이들을 배려하고 떠난 친구가 더욱 생각난다. 욕심을 내려놓기가 쉽지 않은데 자신의 의지대로 행하고 떠난 친구, 나는 그의 발뒤꿈치라도 따라갈 수 있을까.

어둠 속을 환히 비추는 촛불을 보며 선이를 떠올린다. 전깃불처럼 환하게 넓은 곳을 밝히지는 못하더라도 어두운 곳을 밝히는 작은 불, 불을 다른 초에 댕겨 주어도 자신의 빛은 줄어들지 않고 그대로인 촛불, 작은 촛불들이 골골샅샅이 그늘지고 어두운 곳에 켜지면 얼마나 좋을까.

4부
과도
한 자루

오늘 전철역에서 오랜 시간 지도를 보며 서 있는 외국인에게 길을 가르쳐 주었다. 다른 사람에게 베푸는 게 내가 받은 호의를 갚는 거라고 생각한다. 가까이 있는 사람이 아니더라도 모르는 사람을 배려하는 것은 무엇보다 중요한 일이 아닌가. 눈에 보이는 세상의 모습이 전부인 것 같지만, 더 중요한 가치는 눈에 보이지 않는다. 다시 만나지 못할 사람에게 베푸는 작은 친절이야말로 사소한 것일지라도 가치 있는 게 아니겠는가.

잣대

　어떤 사람은 바라나시를 보지 않으면 인도를 본 게 아니라고 말했다. 바라나시는 삶과 죽음이 공존하는 도시가 아닌가. 바라나시 길을 걷다 보면 길거리의 처마 밑에 혼자 앉아 수행하는 사람들을 흔히 본다. 길거리에서 수행하고 그곳에서 잠도 잔다. 소와 함께 어울려 자는 사람도 보인다. 사람들은 다른 사람의 무엇을 보고 그 사람을 평가할까. 겉으로는 가난하고 무질서하며 야만적으로 보여도 무소유를 최고의 가치로 여기고 수행하는 그들의 정신은 문명국가를 앞서지 않았는가.

　해가 뜨기 전에 목선을 타고 강을 한 바퀴 돌았다. 갠지스강 강가에는 별의별 사람들이 다 있었다. 가트 아래쪽 화장터에는 새벽부터 장작더미 위에 시체를 올려놓고 태우느라 연기가 자욱하고 역한 냄새가 코를 찔렀다. 장작 살 돈이 부족한 사람들은 시체가 미처 다 타기도 전에 어쩔 수 없이 강물에 버린다. 타다 남은 시신이 강물에 버려지는 것도 성스러운 강물에 죄업 많은 몸을 씻는다고 좋게 여긴다고 하니 그들의 생각은 우리와는 다르지 않은가. 죽어서까지도 돈의 힘을 알아야 하는 이들은 어디에나 있지만, 그것에 대한 생각은 각기 다르다. 화장터 근처에는 개들이 타다 남은 살점을 먹으려고 어슬렁거리지만 아무도 쫓아내지 않는다. 어떤 소년들은 죽은 자들과 함께 던져진 동전을 건지기 위해 물속에서 자맥질하고 있었다.

저녁때 바라나시에서 갠지스강으로 가는 길에 릭샤를 탔다. 영화에서나 보았던 탈것은 뒤에 두 명이 탈 수 있는 자전거 릭샤였다. 일행 열 명이 다섯 대의 릭샤에 탔다. 우리를 태우고 갈 릭샤 운전사의 몸집은 작고 힘이 없어 보여 우리를 목적지까지 데려다줄 수 있을지 걱정될 정도였다. 그가 입은 옅은 갈색 웃옷의 등판은 좀 슬은 듯 구멍이 송송 뚫려 있었다. 실오라기가 풀려 너덜너덜해진 소매 끝이 바람 불 때마다 파르르 떨었다. 좌우로 기우뚱거리며 힘겹게 페달을 밟는 그의 뒤에 앉아 있는 나는 마음이 불편했다. 나 혼자 자전거를 타고 다닐 때도 페달을 밟는 데 힘이 들었는데 두 명이나 태우고 가는 그는 얼마나 힘들까.

거리는 사람과 차들이 뒤섞여 복잡했다. 요란한 경적을 울리며 스쳐 지나가는 오토릭샤와 자동차들 속에서 그는 아랑곳하지 않고 힘껏 페달을 밟는다. 잠시 멈춰 설 때마다 연신 땀을 닦으며 복잡한 길을 잘도 헤치며 간다. 그의 낡은 옷 위로 땀이 흥건히 배었다. 그의 등에는 소금꽃이 피어 있었다. 뒤에 탄 선배 언니와 나는 릭샤 운전사를 보며 집에 있는 옷을 가져다줄 걸, 몸무게를 좀 줄이고 올 걸 그랬다는 둥, 가는 내내 어쭙잖은 동정심을 내비쳤다.

밤에 본 갠지스강 강가는 아침과는 확연히 다른 모습이었다. 가트 입구에서는 어린 소녀들이 종이 접시에 노란 꽃으로 장식한 촛불을 팔고 있었다. 꽃불을 띄우고 소원을 빌면 이루어진다고 해서 나도 꽃불 디아를 사서 물에 띄웠다. 내가 띄워 놓은 꽃불이 다른 꽃불들과 함께 고요하고 어두운 갠지스강을 곱게 수놓으며 일렁이고 있었다. 나의 디아도 작은 소망을 안고 조용히 물 위를 흘렀다.

호텔로 돌아오기 위해 릭샤 타는 곳에 갔다. 내가 타고 왔던 릭샤에는 좀 더 가벼운 사람들이 타기 바라며 선배와 나는 먼저 몸집이 큰 사람이 운전하는 릭샤에 올랐다. 갈 때 우리를 태웠던 기사가 찾았지만 모른 체했다. 먼저 출발한 우리는 그 기사가 걱정되어 뒤돌아보니, 몸을 좌우로 심하게 기우뚱거리며 페달을 밟고 있는 게 아닌가. 그의 승객은 뚱뚱한 인도 안내원과 몸집 큰 아저씨였다. 언니와 나는 릭샤 기사를 도와주려다 그를 더 힘들게 하고 말았다.

우리가 숙소에 거지반 왔을 때 이변이 일어났다. 그 릭샤 운전사가 우리를 앞지르기 시작하더니, 펄펄 나는 것처럼 저만치 앞서 달려가고 있었다. 언니와 나는 그 광경을 보고, 말을 잊은 채 서로의 얼굴만 바라보았다. 작은 몸 어디에서 그런 힘이 나올까. 아마 그는 식구가 여럿 딸린 가장일 테지. 등 뒤에서는 언제나 힘내라고 외치는 가족들의 응원 소리가 들려올 게 틀림없다. 그는 가족의 사랑과 따뜻한 격려를 받는 행복한 가장이리라. 아버지와 남편 역할에 충실한 남자이리라. 그러지 않고서야 그 작은 체구 어디에서 그런 괴력이 나오겠는가. 그것은 하루아침에 된 게 아니라 오랜 시간 동안 근력을 길러 이루어진 것이리라. 가족을 위해 최선을 다하는 삶의 태도는 얼마나 숭고한가. 내가 쓸데없는 감상에 사로잡혀 고귀한 노동 정신을 폄훼하고 있었던 건 아닐까.

나는 가끔 사람의 외양만 보고 판단하려고 할 때가 있다. 진정한 가치는 그 속에 담겨 있지 않은가. 다른 나라를 여행하면서 여러 인종과 문화를 접할 때도 문화의 다양성을 이해하려면 그들의 처지에서 생각해 봐야 할 텐데, 나의 잣대를 먼저 꺼내려 한다. 눈으로 확인할 수 있는 외형적인 것들이라야 몇 가지이고 대부분은 내면 깊숙이 숨겨져 있지 않은가. 인도 여행을 통해 비로소 나를 돌아볼 수 있었다. 나와 다르더라도 그 문화가 가지고 있는 고유의 가치를 수용하는 마음이 필요하리라. 겉모습보다는 그 이면을, 보이지 않는 속까지 헤아려 내면의 아름다움을 바라보아야 한다는 인도의 가르침이 내내 나를 떠나지 않는다.

빛과 그림자

거리에서는 현란한 색들이 춤을 추고 있었다. 음악을 빼놓고 이 도시를 말할 수 있을까. 카리브해의 아름다운 물결이 보이는 말레콘 해변에서도 갓 잡아 올린 생선처럼 음악이 퍼덕였다. 이런 곳에서 음악에 푹 빠져 살아보는 것도 복잡한 세상사와 거리를 두는 한 방편이 아니겠는가.

파나마에서 아바나행 비행기를 탔다. 비행기가 이륙하자 바닥에서 연기가 모락모락 올라왔다. 뿌연 연기가 비행기 안을 채우기 시작했다. 공포가 엄습했다. 긴박한 불안감 속에서 갑자기 별의별 생각이 다 스쳐 갔다. '비행기가 추락하는 게 아닐까. 여행 가다 죽는 일이 남의 일이 아니었구나.' 뛰어내려도 살아날 수 없는 곳이 아닌가. 내가 할 수 있는 일은 아무것도 없었다. 승객들이 놀라서 술렁거려도 승무원들은 여유로운 모습이었다. 비행기가 낡아서 그럴

뿐 운항하는 데는 지장이 없으니 걱정하지 말라고 승객을 안심시켰다. 구멍 뚫린 비행기를 타고 여행한 것은 처음이었다.

아바나 공항에 내렸을 때, 평생 와 볼 수 없을 것 같았던 쿠바에 오다니 믿어지지 않았다. 비행기에서 내린 뒤 타고 온 쿠바나 항공기를 다시 쳐다보았다. 그 낡은 비행기는 공포에 떠는 승객을 앞으로도 실어 나를 것이다. 쿠바는 냉전 시대 경계해야 할 나라로 여기던, 가까이하기에는 먼 나라였다. 우리는 미국을 통해서 다른 나라를 알게 되지 않았는가. 폐쇄되었던 나라 쿠바에 발을 디디니 만감이 교차한다. 아바나 공항은 뭔가 빠진 것 같이 짜임새가 없고 잠자는 듯 활기가 없었다. 사람들이 줄을 서서 부칠 짐과 여행 가방을 비닐 랩으로 칭칭 감아 포장하고 있었다. 보기 드문 광경이었다.

공항의 분위기와는 달리 시내 거리는 자유로워 보였다. 아바나의 거리에는 영화 속에서나 자동차 박물관에 전시되어 있을 법한 오래된 차들이 돌아다니고 있었다. 빨간색이나 코발트 빛 등 각양각색의 낡은 자동차가 거리를 수놓고 있었다. 살아보지도 않은 도시에서 시내 거리를 잠깐 돌아보며 쿠바를 보았다고 쉽게 말할 수는 없으리라. 유럽풍의 건물들은 낡았지만 고풍스럽고 쿠바 특유의 정취를 유감없이 뿜어내고 있었다. 건물 외벽의 칠이 벗겨지고 군데군데

벽이 떨어져 나간 낡은 집들은 여전히 사람들을 품고 있었다. 그런 동네에서도 음악은 빠지지 않고 흘러나왔다. 거리에는 초콜릿색 피부의 매끈하고 단단해 보이는 늘씬한 사람들이 자주 눈에 띄었다. 사람들의 모습에서는 리듬이 느껴졌다.

아바나에 도착한 날은 한 해가 저물어 가는 마지막 날이었다. 호텔 야외무대에서는 축제가 열렸다. 곱게 차려입은 사람들이 줄지어 들어오고 있었다. 음악이 흐르는 야외 식당에서 저녁을 먹었다. 여러 가지 음식은 썩 입에 맞지는 않았지만, 그중 "유카"라고 하는 식물의 뿌리로 만든 요리는 담백한 맛을 좋아하는 나의 입맛에 맞았다. 우리나라 감자와 마의 중간쯤 되는 맛이랄까. 저녁 내내 그들은 아프리카의 리듬과 카리브해의 열정이 고스란히 녹아든 라틴음악을 연주하며 춤을 추고 노래를 불렀다. 처음 음악을 들을 때는 몸치인 나도 어깨가 저절로 들썩였지만, 새벽까지 노래와 악기 소리가 귀를 때려서 한숨도 잠을 잘 수 없었다.

쿠바에서는 두 명의 외국인이 쿠바를 먹여 살린다는 우스개가 있다고 한다. 헤밍웨이와 체 게바라다. 오래 머물 수 없는 사람들은 이름난 곳부터 가 보게 마련이다. 나도 헤밍웨이가 오랫동안 머물렀다는 암보스문도스 호텔을 둘러보았다. 벽에는 헤밍웨이의 사진들과 친필 사인이 남아 있었다. 헤밍웨이의 사진이 있는 곳에서 기념사진을 찍으니 내가 어릴 때 세상을 떠났다는 그와 같은 공간에서 사는 듯한 착각이 일었다. 그가 쓰던 타자기를 보고 있으니 작품을 쓰느라 타닥거리며 바쁘게 움직이던 그의 손이 보이는 듯했다. 미국으로부터 호된 시련을 받은 쿠바가 미국 작가의 손길이 닿은 것들을 상품화해서 살아가고 있다니 아이러니했다.

혁명광장에는 하얀 탑이 서 있었다. 하늘을 찌를 듯 높이 솟아오른 탑은 쿠바 "독립의 아버지"로 불리는 호세 마르티를 기리는 탑이다. 어디에 가나 들을 수 있는 쿠바의 아리랑으로 불리는 노래 〈관타나메라〉는 그의 시에서 가사를 따왔다고 한다. 이 노래는 아름답고 고운 화음과 관타나모의 서정적인 분위기를 듬뿍 담고 있다. 내무부 청사 건물의 전면에는 체 게바라의 철골 구조물로 된 커다란 얼굴이 걸려 있고 조명으로 장식해 놓은 그의 얼굴은 밤에도 붉게 빛났다. 그의 얼굴에서는 혁명에 대한 결연한 의지가 느껴진다. 어딜 가도 체 게바라의 사진을 볼 수 있는 곳 아바나다. 일반 주택의 벽에도, 책에서도 엽서에서도 만날 수 있는 체 게바라는 무엇을 꿈꾸었을까. 앞으로 나아가던 체 게바라가 과거에 멈추어 버린 것 같은 현재의 쿠바를 본다면 무어라고 말할까.

아침 일찍 쿠바를 떠날 때도 공항 내부의 불빛은 밝지 않았다. 공항 화장실 앞에서는 한 아주머니가 두루마리 화장지를 몇 마디씩 뜯어주며 돈을 받고 있었다. 다른 나라 공항에서는 보기 드문 광경이다. 흐릿한 불빛은 침체한 쿠바 경제의 단면을 보여주는 것 같았다. 칠레의 산티아고에 도착했을 때, 가방을 열어 본 우리 일행은 깜짝 놀랐다. 한 가방은 검색대에 있는 사람들이 면도날로 지퍼를 따는 바람에 지퍼가 고장 나서 그분은 가방을 여닫을 때마다 셀로판테이프로 붙이고 다니느라 고생스러워 했다. 또 한 분의 가방에는 미국에 있는 딸에게 주려고 가져갔던 화장품과 전자기기 등 값나가는 것들이 없어지고 그 자리에 낡은 군화 한 짝이 들어 있었다. 환하게 미소 짓던 사람들 뒤로 쿠바의 어두운 그림자가 마지막 인사를 했다.

햇빛이 밝은 만큼 그림자도 짙은 것인가. 정렬이 넘치는 아바나의 공항에 근무하는 사람들이 다른 나라 사람의 물건에 손을 대다니 실망스러웠다. 생활이 어려우면 그런 짓을 할까. 나라의 관문에서 일하는 사람들이 공공연하게 그런 일을 벌이면서도 나라의 품격은 생각지 않는 것 같다. 일반인이 아무리 친절하고 정직하게 행동해도 보람이 없지 않은가. 나는 쿠바의 공무원이 모두 그렇다고 생각하지는 않는다. 도덕 불감증에 걸린 몇몇의 소행이라고 믿고 싶다. 여행할 때 여러 가지 일을 겪으면서 어떤 삶을 살아야 하는지 생각해 본다. 커피의 쓴맛처럼 고통이 때로는 즐거움의 풍미를 더 깊게 할 때도 있지 않은가.

미얀마 아가씨

나는 일상생활에서 나라의 고마움에 대해서 잊고 지낸다. 마치 공기의 중요성을 모르듯이. 외국에 나가면 모두 애국자가 된다는 말이 있다. 그렇다. 다른 나라에 갔을 때 나라의 고마움을 실감하게 되지 않던가.

조카네 집에는 아무리 둘러보아도 조카 내외가 사는 방과 아이들 방, 우리가 머무는 방뿐 놈삐의 방은 보이지 않았다. 이튿날 아침에 보니 그녀의 방은 부엌 뒷문으로 나가서 세탁기가 놓여 있는 습기 찬 다용도실을 지나 빛이 들지 않는 곳에 있었다. 우리나라로 치면 아파트 뒤 베란다에 있는 다용도실 창고쯤 되는 곳에 있었다. 그 방은 낮인데도 불을 켜지 않으면 사물을 분간하기 어려울 정도로 창문도 작고 어두침침했다. 주인이 사는 방은 창문이 크고 기역자로 되어 있어 양쪽에서 빛이 충분히 들어오도록 설계되어 있었다. 그러나 일하는 사람의 방에는 자연이 거저 주는 빛조차도 들여놓는 데 인색했다. 빛이라곤 작은 창을 통해 들어오는 손바닥만 한 빛 한 조각이었다. 국민 소득이 높은 것과 가난한 이들을 생각하는 마음은 비례하지 않는 것 같다. 선진국 사람들이 신사적이라더니 방 배치에서는 그런 흔적을 찾아볼 수 없었다.

놈삐는 싱가포르에 사는 조카네 가사도우미이다. 그녀는 20대 초반인 미얀마 아가씨다. 그녀의 집은 양곤에서 2시간 정도 더 들어가는 곳에 있고 전기도 공급되지 않는 지역이라고 한다. 그녀는 월급을 사십만 원 남짓 받는데 모두 집으로 보내서 일부는 가정 살림에 보태고 조카들의 학비로 쓸 수 있을 만큼 미얀마에서는 큰돈이라고 한다. 우리나라 일제 강점기에 먹을 것이 없어 굶기를 밥 먹듯 하며 어렵게 살던 시기에도 미얀마는 세계 제일의 쌀 수출국이었다. 그러던 미얀마의 국민이 지금은 남의 나라에 가서 도우미로 살고 있다. 일 층 휴게실에 가니 미얀마에서 온 다른 아가씨들이 아이를 돌보고 있었다. 한 아가씨는 팔에 깁스 한 아기를 안고 있었는데 어쩌다가 다쳤느냐고 물어 보니 가족 여행 갔을 때 아이 엄마가 한눈판 사이 계단에서 굴러서 팔이 부러졌다고 한다. 다친 건 안쓰럽지만, 엄마가 돌볼 때 그렇게 되어서 다행이라고 생각되었다. 남의 아기 돌보다가 그런 일이 일어나면 도우미는 얼마나 곤혹스러울까.

놈삐를 보니 우리가 어릴 때 생각이 났다. 6, 70년대 우리나라에서도 어린 나이에 부모 슬하를 떠나 남의집살이를 하러 가던 시절이 있었다. 우리가 살던 아파트에도 부엌 옆에 작은 방이 있었는데 식모 방이라 불리던 그곳도 사십여 년 전 우리 삶의 한 자락을 보여 주는 곳이다. 밥술이나 먹고 사는 집에는 입이라도 하나 덜어보려고 가난한 집에서 보낸 여자아이들이 한 명씩 있었다. 초등학교만 졸업하면 아니 그보다도 어린 학교 다닐 나이에 남의 집에 가서 식구들 밥하고 청소도 하고 집 안의 궂은일을 도맡아 하며 거처하던 방이다. 삼 학년 때 두서너 살 위였던 우리 반 아이도 남의 집에 일하러 갔다. 남의집살이하느라 기를 펴지 못하고 주눅 들어 있던 아이들이 쓰던 그 방은 얼마나 좁았을까. 싱가포르에 있는 도우미 방보다 크고 밝을까. 남의 집에서 살아가는 삶이 얼마나 고단했을까.

희토류, 석유 등 광물자원이 풍부하고 땅이 비옥하여 발전 가능성이 무궁함으로 세계 여러 나라의 관심을 받는 미얀마지만 '구슬이 서 말이라도 꿰어야 보배'라는 말처럼 자원을 잘 활용하여 소득을 높이지 못하면 국민은 여전히 가난 속에서 헤어 나오지 못하고, 놈삐처럼 말도 통하지 않는 나라에 가서 일해야만 하지 않겠는가. 다행스럽게도 미얀마 사람들은 대부분 글을 읽고 쓸 수 있다고 한다. 학교보다는 사원에서 스님들이 무료로 가르치는데 그곳에서 글을 깨우쳐 문맹률이 낮다. 어릴 때부터 받는 교육의 영향으로 도리에 어긋난 행동을 하지 않아 도둑이나 소매치기도 없어서 물건을 가져가지도 않는다고 하니 얼마나 다행스러운 일인가. UN이 선정한 동남아 최빈국 중 하나인 미얀마는 국민소득은 낮고 가난한 나라지만, 자원이 풍부하고 국민들이 올바르고 순박하니 현명한 지도자가 잘 이끌어 소득 수준을 높인다면 잘 사는 나라가 되지 않겠는가.

조카는 말레이시아에 가족이 함께 여행 갔다가 어려움을 겪었다고 한다. 조카딸 내외와 아이 셋, 놈삐가 함께 말레이시아에 가는데 대한민국 국민인 조카네 가족은 무비자 입국이 되지만, 미얀마 사람만 입국이 거부되어 수 시간 동안 지체한 후에야 여러 절차를 거쳐 들어갈 수 있었다. 어린아이들을 데리고 국경에서 겪은 어려움은 말로 표현할 수 없었으리라. 국력이 향상되고 국격이 높아져 무비자 입국 되는 나라 국민은 얼마나 편한가를 새삼 느끼게 된다. 전에는 우리나라 사람도 그런 푸대접을 받고 살았다. 외국에 꼭 가야만 하는데도 비자가 나오지 않아 가지 못하여 어려움을 겪은 사람이 한둘이 아니었다. 80년대 초까지도 소수의 사람만이 여권을 가질 수 있어서 여권을 보여 주면 외상술을 먹을 수 있을 정도로 특별한 대접을 받았다니 우습기도 하고 슬프기도 하여 격세지감을 느낀다. 글로벌 금융자문사 아톤 캐피털이 전 세계 199개국을 대상으로 여권의 영향력을 조사한 '패스포트 인덱스' 2017 최신판에 나온 국가별 여권 순위를 보면 우리나라는 스웨덴과 함께 3위에 올랐으며 우리나라 국민이 무비자로 갈 수 있는 곳은 188개 나라나 된다고 한다.

　우리나라는 급격한 산업발달로 인해 소득 수준이 높아졌으나 사회를 이룬 뿌리가 약해 자주 흔들린다. 그때마다 국민들은 상대방이 잘못한다며 남 탓한다. 또 사회의 제반 문제 때문에 혼란스러워하며 국민 모두가 성장통을 앓고 있다. 소득은 높아졌는데 가치관은 제대로 따라가지 못하니 후유증으로 여기저기서 안 좋은 일들이 일어난다. 이런 것들이 모두 급격한 사회변화 때문이 아니겠는가. 인디언은 말을 타고 광활한 평야를 달리다가도 영혼이 따라오지 못할까 봐서 잠시 멈춰서 뒤를 돌아보는 습관이 있다고 한다. 우리도 높아진 국력이나 국격에 자만하지 말고 가끔은 뒤를 돌아보며 살아야 하지 않을까.

땅을 밟는다

 내가 땅을 밟으며 살아갈 수 있는 것에 감사한 적이 있는가. 나는 넓은 땅을 마음껏 걸어 다니는 삶에 만족하며 살아가는가. 당연한 줄로 여겼던 일들이 특별한 일임을 알게 될 때 받는 충격은 얼마나 크던가.

 페루 고산지대를 긴 시간 지나면서 알티플라노고원을 넘을 때였다. 눈 모자를 눌러 쓴 뾰족한 산봉우리들이 더 가깝게 느껴졌다. 멀리 한가롭게 보이는 라마와 아이들, 바깥 경치는 더할 나위 없이 아름다웠지만 차 안에서는 고산병 때문에 두통에 시달렸다. 고원 중간 지점에서 잠시 차에서 내렸다. 차 바깥은 바람이 불고 몹시 추웠다. 검붉은 피부의 원주민 가족이 수레 위에 스웨터를 늘어놓고 팔고 있었다. 초등학생으로 보이는 딸과 어머니는 추운 날씨에도 맨 정강이가 반쯤 드러나는 전통의상을 입고 헌 타이어로 만든 슬리퍼를 신고 있었다. 그들의 종아리는 붉고 푸른빛을 띠고 있었다. 요철 무늬가 세련되어 보이지는 않았지만, 스웨터를 하나 샀다. 새로운 것들을 봐도 감각이 무디어 갈 즈음, 일곱 시간을 달려 푸노의 선착장에 도착했다. 그곳에서 통통배를 타고 바람을 가르며 삼십 분 동안 가니 티티카카 호수 위에 떠 있는 우로스섬에 닿았다. 섬에 발을 디뎠을 때, 푹신한 촉감과 섬사람들의 해맑은 웃음은 지친 내 마음을 말끔히 씻어 주었다.

우로족의 마음이 되어 그들의 처지를 이야기해 본다. 약 600여 년 전 꼬야족이 우리의 터전을 빼앗고 우리를 노예로 삼아 버렸을 때, 우리는 배를 타고 티티카카호수로 도망갈 수밖에 없었어요. 시간이 흐르면 전에 살던 삶의 터전으로 돌아갈 날만을 애타게 기다렸지만, 우리의 바람은 이루어지지 않았어요. 우리를 박해하던 꼬야족은 잉카인에게 정복되어 그 땅은 잉카인들의 것이 되었기 때문이지요. 그래도 우리의 터전이었던 뭍을 포기하지 않았는데 잉카를 정복한 스페인 군대 때문에 어쩔 수 없이 희망을 접을 수밖에 없었어요. 모든 땅이 스페인의 소유가 되면서 이제는 돌아가 봐야 몸을 누일 만한 땅도 가질 수 없는 신세가 되었기 때문이지요. 282년에 걸친 스페인의 식민지배가 끝나고 페루는 독립했지만, 여전히 우리에겐 단 한 평의 땅도 허락되지 않았어요. 이제 뭍은 더는 우리들의 터전이 아닌 먼 나라일 뿐이지요.

정복자의 핍박을 피해 들어간 우로족을 품어 준 호수에 자생하는 갈대는 이들에게 고마운 생명의 끈이다. '토토라'라는 갈대를 잘라 엮어 그 위에 마른 갈대를 쌓아 섬을 만들고, 갈대를 말려 집과 배를 만든다. 그들은 큰 방석을 만들어 방안에 깔거나, 둘둘 말아 놓고 의자로 쓰기도 한다. 뿌리 부분의 하얀 속 줄기는 간식으로 먹는다. 잘라 쓰고 남은 뿌리는 뒤집어 쌓아놓고 시커먼 진흙 위에 감자를 심는다. 섬 군데군데 두어 평 될까 말까 한 작은 밭에 감자가 파랗게 자라고 있었다. 또 쓰고 남은 부분은 말려서 땔감으로 쓰니 이 섬에서 토토라는 없으면 안 되는 귀중한 자원이다. 물에 닿은 갈대는 계속 썩어가기 때문에 우기에는 일주일에 한 번 건기에는 한 달에 한 번씩 새 갈대를 덮어주어야 한다. 삶의 터전마저도 자주 갈아주어야 하는 고된 삶이 이 섬사람들의 생활이다.

섬 입구에는 잎을 떼어 낸 갈대를 줄에 널어 말리고 있었다. 내가 어릴 때 왕골을 말리던 모습과 같다. 호수에 자생하는 갈대는 우리나라에 있는 왕골과 쓰임이 비슷하다. 물이 깊으니 우리나라 왕골보다 키가 더 크고 거세게 생겼다. 옛날 어른들은 왕골을 쪼개서 말렸다가 농한기에 자리를 짰다. 갈대를 보니 할아버지가 계신 집에 가면 자리틀에 매달린 작은 돌들을 넘길 때 서로 부딪히며 "달그락달그락" 하던 정겨운 소리가 들려오는 것 같다. 이곳 사람들이 갈대로 엮어 집을 만드는 방법은 자연환경에 따라 재료만 다를 뿐 우리나라에서 하던 방법이나 비슷하다. 짚으로 이엉을 엮어 초가집의 지붕에 얹던 것이나 자리나 방석을 짜던 방법이 닮지 않았는가. 지구 반대쪽 먼 곳까지 와서 어릴 때 본 일을 떠올리게 되다니 세상은 같이 연결된 하나의 큰 고리가 아닌가 싶다.

특이한 주거 환경을 만들어 살아가고 있는 우로스족은 가난의 사슬을 끊으려고 안간힘을 쓴다. 그들은 손수 만든 기념품을 팔기도 하고 자기 집을 공개하며 좀 더 잘살기 위해 노력한다. 한 아줌마는 자기 집을 보여 주었다. 불면 날아갈 듯 갈대로 만든 집 안에는 가구 하나 없이 방을 가로질러 줄을 매고 그곳에 가족의 옷을 모두 걸어두고 있었다. 옛날 우리나라에서 횃대 위에 옷을 걸어두던 모습과 닮았다. 집 밖에는 진흙으로 구워 만든 황토색의 화덕 한 개가 새까맣게 그을린 냄비를 품은 채 졸고 있었다. 그 옆에는 그들의 고단한 삶처럼 찌그러진 양재기에 손가락만 한 송어 대여섯 마리가 제 살던 호수로 가고 싶은 듯 파닥였다. 그들은 송어를 잡아다 팔지만, 감자의 원산지인 남미에서 흔한 감자조차도 흡족하게 먹지 못한다. 고된 삶을 숙명으로 알고 밝게 살아가는 그들을 보며, 가구와 생활용품으로 가득한 우리 집을 떠올렸다. 아직도 필요한 것이 있다며 무언가를 사러 다니는 나의 삶을 되돌아본다. 같은 지구 안에서도 이렇게 다를 수 있는가.

꼬야족에게 땅을 빼앗기고 쫓기다 배를 타고 호수로 도망가서 살다 갈대 섬을 만들고 그곳에 정착한 그들은 우리가 당연한 듯 매일 보는 흙마저 가까이하지 못하고 살아간다. 땅 위에서 흙을 밟으며 살아가는 것도 복된 일이던가. 하늘 아래 첫 호수 티티카카 그 속에서 사는 순수한 눈망울의 우로족 후손들이 현대 문물을 접하면서도 이곳에서 얼마나 오래 잉카의 전통 생활방식을 지키며 살아갈 수 있을까. 그들에게 사라져가는 전통방식을 유지하며 불편하게 살아가라고 누가 말할 수 있으랴.

마지막에는 섬사람들이 모두 모여 우리나라 여행 안내자가 가르쳐 주었다는 〈곰 세 마리〉와 노래 두 곡을 부르며 매우 쑥스러워했다.

안내자의 말에 따르면 섬사람들은 치열이 고르고 이가 매우 건강해서 아직은 충치가 생긴 사람이 하나도 없다고 한다. 관광객이 들어오면서 과자나 사탕 등을 가져와서 자꾸 먹게 되니 이가 상할까 봐 걱정이라고 한다. 치과도 없는 곳에 사는 그들에게 충치가 생겨 이가 아프면 어떻게 할까. 섬을 나올 무렵, 네댓 살가량의 어린이가 갈대 방석 위에 앉아 우리가 가져다준 과자를 맛있게 먹고 있었다. 그 애는 먹다 남은 과자 부스러기를 손으로 한 움큼씩 꺼내 먹다가 아예 큰 과자봉지에 얼굴을 묻고 핥아먹고 있었다. 문명의 이기가 그들을 행복의 문으로 인도하는지, 불행의 늪으로 빠지게 하는지 가늠하기 어려웠다. 나는 육지에서 땅을 마음껏 밟으며 살아갈 수 있는 것에 대하여 감사하게 생각한 적이 한 번이라도 있었던가.

과도 한 자루

　살아오면서 낯선 누군가에게 조건 없는 친절을 받아본 적이 있는가. 나는 진정으로 남에게 베푼 적이 있는가. 예상치 못한 호의와 친절은 감동을 일으키고 가슴을 뛰게 한다.

　얼마 전 딸의 작품전시회를 보려고 런던에 가서 킹스크로스역 주변의 호텔에서 일주일 동안 머물렀다. 그 역은 여러 노선이 만나는 지하철 환승역이고 유로스타가 출발하는 세인트 판크라스역과 인접해 있어서 언제나 사람들로 붐볐다. 나는 가족과 함께 나가서 볼일을 보고 와서 오후에 시간이 나면 주변에 있는 공원을 찾곤 했다. 그곳에서 여러 나라 사람들을 보았는데, 그중에서 영국인, 인도인, 방글라데시인, 파키스탄인과 공원에 앉아 이야기를 나누게 되었다. 내가 영어를 못 한다고 하자, 그들은 못 해도 괜찮으니 걱정하지 말고 할 수 있는 말만 하라며 마음을 편하게 해 주었다. 같이 앉아 있는 동안 그들의 말을 다 알아들을 수는 없었지만, 서로 말을 나눌 수 있는 분위기가 좋았다. 옛날 철학자들이 주로 사용했다는 대화법처럼 서로 질문하면서 이야기를 나누는 게 이채로웠다.

그중의 인도에서 온 사람은 우리나라에 대해서도 많이 알고 있었다. 난 그들의 나라에 대하여 아는 게 적고 외국어가 서툴러서 그 나라에 가 봤다는 정도로 간단히 말했다. 그들 중 한 사람은 우리나라의 정치, 역사, 문화에 대해서 많이 알고 있었다. 내가 어떻게 알고 있느냐고 물었더니, 그는 신문이나 방송, 책 등을 보아서 안다고 했다. 문학작품에 대한 이야기를 할 때는 한마디 하기도 했지만, 나는 그들의 나라에 대하여 말할 수 없어서 미안한 생각이 들었다. 다른 나라의 역사, 문화, 인물에 대하여 폭넓게 알고 있으면 이야기를 나눌 때 공통 화제로 올려 말을 수월하게 이어갈 수 있는데 그렇지 못해서 아쉬웠다. 헤어질 때 그들은 나에게 역 주변에는 도둑이 많으니 조심하라는 말도 잊지 않았다.

나는 날마다 세상을 향해 발걸음을 내디딘다. 산책도 하고 그 나라 사람들의 생활 모습을 볼 겸 틈날 때마다 호텔 주위를 걸었다. 낯선 거리를 긴장하며 걷는 게 약간 부담되기도 했다. 하지만 새로운 경험은 늘 가슴을 뛰게 하지 않던가. 나는 호텔 뒷골목에 있는 가게에서 과일을 샀다. 딸이 애플 망고를 좋아해서 매일 사러 갔다. 한꺼번에 많이 사지 않은 건 그 거리에 가 보고 싶어서였다. 방글라데시인 청년이 식품 가게 앞에서 과일을 팔고 있었는데, 그 청년은 아침 일찍부터 저녁까지 매우 부지런히 일했다. 그의 생활 태도는 '더운 나라 사람들은 게으르다.'는 내 머릿속에 있던 편견을 말끔히 씻어 주었다. 아침에 자전거를 타고 가던 한 백인 청년이 바나나를 두 개만 사 갔다. 꼭 필요한 만큼만 팔고 사는 그들의 알뜰한 생활 습관도 놀라웠다. 길 건너 뒤편에서는 여러 가지 채소를 팔고 있었다. 그 채소들은 가리봉동 시장의 가게에 즐비하게 놓여 있던 중국 채소들처럼, 인도양에서 주인 따라 낯선 곳까지 온 나그네들이었다.

    나는 과도를 사러 근처 가게에 갔다. 그곳에선 과도를 팔지 않는다고 하여 그냥 나오려는데, 거기에 와 있던 자그마한 키에 까무잡잡한 방글라데시인 아저씨가 자기 집에 과도가 있으니 가져다주겠다고 했다. 난 처음 만난 분한테 신세 지기 싫어서 그냥 나오려니까 가게 주인인 인도인이 조금만 기다리라고 했다. 오 분쯤 지난 뒤 그가 하얀 자루 달린 과도를 가지고 나타났다. 그와 이야기를 나누다 보니 그 사람은 쉰여덟 살이고 중학생 때 부모님과 함께 다카에서 런던으로 왔다고 한다. 가게 앞에서 아이스크림을 먹고 있는 열서너 살 돼 보이는 히잡을 쓴 여학생이 외손녀이고,

부인과 딸이 집에 있으니 언제든지 놀러 오라고 했다. 처음 보는 사람에게 친절을 베푸는 그에게 약간의 부담스러움과 함께 고마움을 느꼈다. 나는 이웃에 여행 온 사람이 필요하다면 내 집에 있는 물품을 선뜻 내 줄 수 있을까.

그곳을 떠나기 전날 과도를 돌려주려고 가게로 갔다. 가게주인에게 칼을 전해 주라고 부탁하려고 했는데, 마침 과도 주인이 와 있었다. 그동안 고마웠다고 내가 표현할 수 있는 최대한 감사의 말을 하며 종이에 싼 칼을 내밀자 계산대 앞에 서 있던 가게 주인이 천천히 고개를 가로저었다. 그것을 보고 어쩐지 과도를 돌려주는 게 잘못하는 것 같다는 생각이 들었다. 과도 주인은 이미 나에게 이미 준 것이니 받지 않겠다며 집에 가져가서 쓰고 자기를 기억해 달라고 했다. 헤어질 때 그는 두 손을 모아 합장하며 기도하는 자세를 여러 번 취했다. 나는 과도를 들고 되돌아오는 수밖에 없었다. 언제가 될지 모르지만 다음에 런던에 가면 자그마한 키의 마음이 넓은 방글라데시인 아저씨를 꼭 찾아가서 그분 가족을 만나고 작은 선물이라도 전해 줄 생각이다.

오늘 전철역에서 오랜 시간 지도를 보며 서 있는 외국인에게 길을 가르쳐 주었다. 다른 사람에게 베푸는 게 내가 받은 호의를 갚는 거라고 생각한다. 가까이 있는 사람이 아니더라도 모르는 사람을 배려하는 것은 무엇보다 중요한 일이 아닌가. 눈에 보이는 세상의 모습이 전부인 것 같지만, 더 중요한 가치는 눈에 보이지 않는다. 다시 만나지 못할 사람에게 베푸는 작은 친절이야말로 사소한 것일지라도 가치 있는 게 아니겠는가.

삼 동서

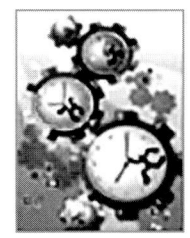

영국 속담에 '쾌활한 동반자는 거리를 단축한다.'는 말이 있다. 먼 길을 떠날 때 어떤 사람과 함께 가는 게 좋을까. 여행의 진수를 맛보려면 혼자 여행을 떠나야 한다며 훌쩍 떠나는 사람도 있지만, 나는 떠나고 싶다는 생각만 할 뿐 아직도 혼자만의 여행이 낯설고 두려워서 항상 누군가와 함께했다. 여행지에서 만난 사람들도 나처럼 가족과 같이 온 사람들이 대부분인 걸 보면 그들도 나와 비슷한 마음이 아닐까. 여행을 떠나기 전에는 설렘과 불안한 마음이 교차하지만, 기대가 더 커서 다른 소소한 걱정은 금세 사라진다.

지난가을 둘째, 셋째 형님과 같이 삼 동서가 여행하기로 했다. 큰형님도 여행을 좋아하셔서 같이 가고 싶었지만 몸이 편찮으셔서 같이 못 가고 셋만 가기로 했다. 여행지는 싱가포르로 정했다. 나는 이십여 년 전에 싱가포르에 간 적이 있는데, 매우 인상 깊은 일이 있었다. 여행 중 점심 먹으러 갔던 식당에 카메라를 놓고 나와서 잃어버렸다고 생각했는데, 나보다도 먼저 카메라가 호텔에 와 있었다. 그 후 그 나라에 대하여 무한한 신뢰감이 생겼고, 좋은 인상이 남아 있어서 이번에도 형님들과 동행하기로 했다. 셋째 형님이 여행 일정을 짜고 비행기 표 구매 및 환전까지 다 해주어서 둘째 형님과 나는 편하게 갔다. 싱가포르에 여러 번 갔던 셋째 형님은 일주일 동안의 일정을 빈틈없이 짜 놓고, 그곳에 가면 많이 걸어야 하니 체력단련이나 잘해 두라며 여행계획표를 한 장씩 주었다.

우리 삼 동서는 영, 호남과 충청도 사람이다. 둘째 형님은 활달해서 말을 직설적으로 잘한다. 이야기를 들을 때는 마산이 고향인 형님의 경상도 억양이 지루하지 않다. 셋째 형님은 광주에서 어린 시절을 보내고 서울에서 살았는데, 살가운 성격이라 다른 사람과 잘 지낸다. 나는 서산에서 어린 시절을 보냈고 소심한 성격이라 감정 표현을 잘하지 못한다. 활달한 성격을 가진 사람들을 만나면 내가 못 하는 말을 다 해 주니 막힌 가슴이 뚫리는 듯 시원한 기분이 든다. 하지만, 때로는 그런 말에 상처를 받기도 한다. 셋째 형님이 두 살 위이고 둘째 형님과 나는 동갑이다. 처음 삼 동서가 같이 여행하기로 한 뒤 약간 마음의 부담을 느끼기도 했다. 긴 시간 지내보지 않은 사람끼리의 여행이니 불편한 일이 생기면 어떻게 하나. 달리 생각해 보니 예순 중반인 여자 셋에서 일주일 동안도 지내지 못한다면 편협한 사람이 아닌가 하는 생각도 들었다.

내가 미리 했던 걱정은 같이 여행 다니는 동안 기우였다는 걸 알게 되었다. 우리 셋은 동화책에 나오는 '길 아저씨 손 아저씨'에서처럼 서로 도우며 다녔다. 영어를 잘하는 셋째 형님이 계획했던 장소로 우리를 안내하고, 재치 있는 둘째 형님이 길을 잘못 들면 바로 잡고, 나도 이것저것 물어보며 도왔다. 전철과 택시를 번갈아 타며 단체 여행할 때 가지 못했던 곳을 속속들이 가 봤다. 나라의 특색을 살린 넓은 정원을 오랜 시간 걸으며 이야기도 많이 나누었다. 더울 때는 사탕수수즙과 코코넛 열매로 갈증을 달래고 저녁에는 맛있는 음식을 사 먹었다. 자유 여행은 마음 내키는 대로 가고 싶을 때 가고 멈추고 싶을 때 서며 시간에 쫓기지 않아서 좋았다.

마리나 베이의 금융 빌딩에서 점심을 먹었다. 건너편에는 예닐곱 명의 직장인들이 이야기를 나누며 밥을 먹고 있었다. 금융의 허브답게 생김새와 피부색이 각기 다른 다양한 인종이 모여 자유롭게 이야기를 나누는 젊은이들이 부러웠다. 가든 스 바이 더 베이의 꽃돔에는 이국적인 갖가지 꽃들이 내 눈을 호사시켰다. 슈퍼 트리라는 커다란 인공 나무에는 살아 있는 덩굴식물이 감고 올라가고 시시각각 조명이 바뀌며 아름답게 빛나고 있었다. 누워서 봐야 진수를 볼 수 있다고 해서 바닥에 누워서 바라보니 우주 한복판의 미래 어떤 도시에 와 있는 듯 황홀경에 빠지고 말았다.

 남북이 갈라져 북녘으로 가지는 못하지만 삼 동서의 국외 여행은 색다른 맛이 있었다. 세 사람 사이에 친밀감도 생겼고 서로를 이해하게 되었다. 자주 같이 다니던 친구나 가족이 아닌 다른 구성원과의 여행도 좋은 점이 있다는 걸 알았다. 좋은 관계를 맺기 위해서 일상에서 벗어나 여행을 떠나보면 어떨까. 새로운 공간에서 낯선 문화를 만나고 타인을 이해하는 여행은 생에 활력소를 불어넣어 주고 삶을 풍요롭게 한다. 내면의 소리에 귀 기울이며 마음이 통하는 사람과 나란히 걸으면서 이야기를 나눌 때 얻는 소소한 행복감을 어디에 비하랴.

날고 싶은 새

　마음껏 하늘을 날던 새 한 마리가 새장에 갇혔다. 철창으로 만들어진 견고한 감옥이다. 그 새는 포기하는 대신 꿈을 꾼다. 오랜 시간이 지난 뒤, 그는 푸르고 넓은 하늘로 날아오른다.

　'쇼생크 탈출'이라는 영화에서 모차르트의 아리아가 나오자 죄수들은 그 자리에 멈춰 서서 모두 넋을 잃고 음악에 빨려들어 간다. 죄수들은 음악을 들으며, 잠시나마 자유를 느끼고 사람다워지는 시간을 가진다. 음악은 돌덩이처럼 단단하게 굳어 있던 그들의 마음을 부드럽게 녹여 주었다. 아름다운 음악은 많이 배운 사람이나 못 배운 사람, 평생을 감옥에서 보낸 사람이나, 절도범이나 사기범 등 모두에게 세상의 차이를 잊게 하지 않던가. 인간은 물론 모든 동물과 나무, 돌덩이까지 감미로운 소리에 매료되었던 오르페우스의 음악처럼. 죄수들이 들었던 아리아보다도 더 아름다운 것은 자신이 위험에 처할 각오를 하고 죄수들에게 음악을 들려주는 앤디의 마음이 아니었을까.

내가 잊을 수 없는 장면은 외부로 작업을 나간 앤디와 그의 동료가 작열하는 태양 아래 공장 지붕 위에서 타르 칠을 하는 모습이다. 앤디가 우연히 간수의 얘기를 듣고 세금 문제를 도와주겠다며 한 가지 제안을 한다. 야외 작업이 끝나는 날 그의 동료에게 맥주를 돌려 달라고. 그 덕분에 땀 흘리며 일한 죄수들은 세상에 태어나서 처음으로 간수가 베푸는 가장 맛있는 맥주를 마시며 잠시나마 자유를 만끽한다. 이때도 앤디는 홀로 담벼락 그늘에 쭈그리고 앉아 동료들을 바라보며 행복한 미소를 보낸다. 감옥이라는 제한된 공간에 갇혀서 사회와는 격리되어 버린 그들은 다른 사람들을 배려할 여유가 없지 않은가. 그런데도 앤디는 인간의 존엄성을 지키며 동료들을 위해 많은 것들을 계획하고 하나씩 실천해 나간다.

자신의 힘으로 어찌할 수 없는 거대한 권력 아래서 억압된 삶을 살아가는 사람들이 감옥 생활에 길들 때, 주인공 앤디는 다르게 살아간다. 그는 어떠한 삶의 희망도 존재할 수 없는 참담함 속에서도 희망의 끈을 버리지 않고 침착하게 자신의 의지를 지킨다. 도서관 안에서 기부받은 레코드판을 발견하고 문을 잠근 채 모차르트의 오페라 "피가로의 결혼" 중 '저녁 바람 부드럽게'를 전 교도소 수감자들에게 들려줄 때, 그의 내면은 더욱 빛나지 않던가. 그 일로 인해 앤디는 한 달 동안 독방에 갇히는 수난을 당하게 되지만 죄수들에게는 기쁨과 희망을 선물했다. 그는 능력이 닿는 한 무언가를 하기 위해 끊임없이 노력한다. 도서관을 운영하며 문맹자에게 글을 가르쳐 주기도 하고 죄수들의 복지에도 힘쓴다. 책을 통하여 동료들이 삶의 목표를 찾게 해 주기도 한다. 누구에게나 희망과 기쁨을 갖게 하는 책의 힘은 어디서나 매우 강하게 작용하지 않던가.

토미로부터 자신이 누명을 쓴 아내 살인 사건의 진범을 만났다는 얘기를 들은 앤디는 감옥을 나갈 수 있을 거라는 희망을 품고 교도소장에게 재심 청구를 도와 달라고 한다. 하지만, 소장은 앤디의 부탁을 차갑게 거절한다. 교도소장은 검은돈을 세탁해 준 덕분에 막대한 재산을 쌓았음에도, "난 규율과 성경 두 가지만 믿는다."라고 성경 구절을 인용하며 올바른 척하고 뒤로는 검은돈과의 거래와 살인을 서슴지 않는 위선자이다. 노튼 소장과 비슷한 사람들이 우리 사회에는 없을까. 요즘 우리나라에서도 자신의 지위를 이용하여 최대한 불법과 편법을 저지르는 사람들이 언론에 오르고 있다. 다른 사람은 손해를 입든 말든 아랑곳하지 않고 일반인은 알지 못하는 특별한 정보를 이용하여 자신의 이익만을 꾀하는 사람들이 없는가. 남에게는 추상같이 대하고 자신에게는 봄바람처럼 대하는 사람들이 있지 않은가.

길든다는 것은 대단히 큰 힘을 가지고 있다. 40년 만에 가석방된 앤디의 친구 레드도 현실에 적응하지 못해 어려움을 겪는다. 그는 허락을 받지 않으면 화장실에도 가지 못한다. 항상 불안과 두려움 속에 사는 레드는 어떻게 하면 교도소에 다시 들어갈까만 생각한다. 앤디와의 약속이 없었다면 그 역시 브룩스와 같이 극단적인 선택을 하지 않았을까. 자유에 대한 앤디의 강렬한 집념을 떠올리며 레드는 마음을 바꾼다. 목초지에서 발견한 앤디의 편지에는 이렇게 쓰여 있었다. "기억해요. 레드, 희망은 좋은 거예요. 모든 것 중에서 최고라고 할 수 있죠. 그리고 좋은 것은 절대 사라지지 않아요." 그렇다. 귀중품은 남이 가져갈 수 있지만, 신념이나 용기 등 마음에 간직한 좋은 것들은 어느 누구도 빼앗아 갈 수 없지 않은가.

레드가 두려움을 느끼는 것처럼 나도 새로운 것이나 잘 모르는 것에 대해 두려움을 느낀다. 실패하면 어쩌나 하는 두려움 때문에 때로는 일을 시작해 보지도 않고 미리 포기한 적도 있다. 그렇지만 앤디는 참기 어려운 환경 속에서도 흔들리지 않는다. 영화 내내 냉정하다 싶을 정도로 침착한 그의 태도를 보며, 작은 일에도 쉽게 흥분하고 흔들리는 나를 되돌아본다. 절제하는 힘은 타고나는 것인가. 우리는 주변 사람들과의 관계 속에서 살아간다. 누군가가 자신의 존재를 알아주고 기억해 주길 바라며. 자신의 바람이 이루어지지 않고 소통이 단절될 때 절망의 늪에 빠진다. 나도 다른 환경에서 낯선 사람들과 만났을 때 어려움을 느낀다. 같은 사회, 같은 시대인데도 그런데 감옥 안과 바깥세상과의 차이야 두말할 필요가 있으랴.

남에게 기쁨과 희망을 갖게 하는 것은 쉬운 것 같지만 어려운 일이다. 앤디는 여러 동료 죄수들과 친구 레드에게 희망과 기쁨을 주었다. 나는 어려운 상황에 처한 누군가에게 희망을 갖게 한 적이 있었을까. 나도 모르는 사이에 남을 오해하여 억울하게 한 적은 없었을까. 소설〈우리들의 행복한 시간〉의 윤수처럼, 누명을 쓰고 사형수가 된다면 그의 생은 누가 보상할까. 잘못한 것이 많겠지만 알 수가 없다. 나도 모르는 사이에 희망을 준 일도 있었다. 옆집 아주머니가 입원했을 때 병문안을 갔다. 그 후 집 앞에서 아주머니를 만났는데 내 손을 잡으며 매우 고맙다고 말씀하셨다. 왜 그러느냐고 물었더니, 그분이 병원에 있을 때 병이 위중해서 집에 못 갈 거라고 생각하고 있을 때, "아주머니, 어서 나으셔서 같이 산책해요."라고 한 말에 희망을 갖게 되었다고 한다.

자유의 바람을 마음껏 마시며 남쪽으로 차를 타고 달리는 앤디의 모습은 모든 것을 참고 견디며 노력한 사람만이 누릴 수 있는 아름다운 그림이었다. 감옥에 있을 때 앤디는 레드에게 '기억이 멈추는 곳'이라는 지와타네호로 가고 싶다고 말했다. 태평양의 아름다운 바닷가에서 앤디와 다시 만나 포옹하는 레드의 모습을 보며 몇 년 전에 갔던 멕시코 휴양지 칸쿤을 떠올렸다. 하얀 모래밭이 끝없이 펼쳐져 있고 코발트빛 바닷물이 찰랑대던 카리브해, 수많은 난관을 극복하고 지와타네호에서 그가 다시 찾은 자유는 카리브해의 그 바닷물 색깔과 닮지 않았을까.

장미의 이름으로

갑자기 혀끝이 쓰리고 아프다. 거울에 비춰 보니 혀끝이 팥알만큼 붉게 부풀었다. 피곤할 때 생겼던 혓바늘 모양은 아니다. 걱정하며 곰곰이 생각해 보았다. 저녁에 한 일이라곤 오늘 배달된 월간지 한 권 읽은 것밖에 없다.

이를 닦다가 문득 '장미의 이름으로'라는 책이 떠올랐다. 중세 시대를 배경으로 쓰였던, 금서에 독을 발라놓아 그것을 읽은 사람을 죽게 했던 책이 아닌가. 불현듯 머리를 스치는 게 있었다. '아하, 그렇구나.' 그 책을 읽었던 사람처럼, 나도 책장을 넘길 때 무심코 손가락에 침을 바르다 책에 있던 화학물질을 계속 혀끝에 묻힌 것 같다. 몸에 안 좋은 게 들어왔다고 혀가 신호를 보내왔다. 나는 주변의 아픈 사람들을 보며, 몸에 조금만 이상이 생겨도 큰 병이 아닐까 걱정하게 된다. 얼마 전에도 아는 사람이 설암으로 세상을 떴다. 혀가 부푼 원인이 새 책의 표백제 성분 때문임을 알고 나서 안도한다.

　요즘은 곳곳에 해로운 물질이 널려 있다. 입을 것, 먹을 것, 사는 집, 탈 것, 생활용품 등 어느 것도 믿고 쓸 만한 것이 없다. 아름다운 옷을 입으려면 섬유의 날염이나 표백으로 인한 유해성분과 만나고, 먹음직스러운 가공식품을 먹으려면 식품첨가물을 같이 먹어야 한다. 싱싱한 채소나 과일에도 농약 성분이 남아 있다니 마음 놓고 먹을 수 없지 않은가. 집 짓는 재료와 각종 가구에서 나오는 냄새와 유해물질도 심각한 수준이다. 자동차는 어떤가. 차가 뿜어내는 배기가스 때문에 공기가 오염되는 건 물론 차 안에 있는 가죽 시트나 여러 부속품들도 환경오염물질을 내뿜는다. 우리가 사용하는 플라스틱이나 일회용품에 들어 있는 환경호르몬 등이 우리의 건강을 위협하고 있지 않은가.

　지인 중에 집을 수리하는 사람이 있는데, 그가 아파트 거실 바닥 공사를 하기 위해 마루를 뜯었더니 오륙 평정도 되는 마루 밑에 어른 몸무게만큼의 접착제가 깔려 있더라고 한다. 그 집 사람들은 사는 동안 얼마나 많은 접착제 성분을 마셨을까. 그들만 그런 게 아니다. 우리들 대부분이 그런 환경에서 살고 있다. 우리는 좀 더 편리하게 살기 위하여 해로운 물질을 접할 수밖에 없다. 소비자가 아름답고 보기 좋은 것을 찾으니 생산자는 그럴듯하게 보이도록 하는 물질을 사용하게 된다. 오이, 호박도 반듯하게 생겨야 잘

팔리기 때문에 농약을 뿌린다고 한다.

　나는 명란젓을 매우 좋아했다. 어느 날 '명란젓은 화학물질의 보고'란 책을 보고 먹고 싶은 생각이 없어졌다. 고운 빛깔을 내기 위해 색소를 넣는 것은 물론 탱탱하고 탄력 있게 보이기 위해 인산염을 넣는데 그 밖에도 명란젓에 들어가는 화학물질이 20여 종이 넘는다고 하니, 명란젓에 들어 있는 화학조미료를 젓갈 맛으로 알고 먹은 것 같다. 명란젓만 그렇겠는가. 가공식품은 대부분 그러하다고 한다. 소비자가 더 좋아 보이는 것, 더 편한 것을 찾으면 찾을수록 생산자는 소비자 욕구에 부응하기 위해 노력하리라.

　며칠 전 일간지에 '무서운 액체 괴물'이라는 기사가 나왔다. '액체 괴물'은 액체와 가루를 넣어 섞으면 만들고 싶은 물체를 자유롭게 만들 수 있어 아이들이 좋아하는 놀잇감이다. 제품 세 개 중 두 개에서 기준치를 초과하는 유독 물질이 검출돼 정부가 강제 리콜 명령을 내렸다. 산업통상자원부 국가기술표준원은 11일 액체 괴물 148개 제품을 조사한 결과, 28개사가 판매한 100개 제품에서 생식 발달 기능에 문제를 일으키는 붕소, 알레르기를 유발하는 방부제, 간, 신장 손상을 일으키는 프탈레이트 가소제 등 유해 화학물질이 검출됐다고 밝혔다.

　얼마 전 뉴스 보도에서도 유아용 모자와 양말, 어린이용

완구와 옷, 머리 장신구에서 인체에 해로운 물질이 검출돼 국가기술표준원이 리콜 명령을 내렸다고 한다. 상품이 유통되기 전에 미리 막았다니 다행이다. 어린이들이 사용했더라면 어떻게 되었을까 아찔하다. 누구에게나 마찬가지이지만 특히 어린아이나 자라는 어린이들이 쓰는 물건이나 먹을거리를 만드는 사람은 각성해서 미래의 주역들이 건강하게 자랄 수 있도록 도와주는 데 앞장서야 하지 않겠는가. 혹시 법을 어기는 사람이 있다면 엄중히 다스려서 다시는 그런 사람들이 발붙이지 못하게 해야 안심하고 살아갈 수 있으리라.

여러 곳에 들어 있는 화학물질은 눈에 보이지 않게 몸에 쌓여 면역체계의 기능장애를 가져오고 각종 질병을 일으킨다. 그래서 사람들은 어떻게 하면 해로운 물질로부터 안전하게 몸을 지킬 수 있을까 여러모로 연구한다. 참살이, 친환경, 무공해라는 말들이 널리 사용되는 것도 그 때문이다. 그런 말이 많이 생기더라도 우리가 사는 곳이 안전하다고 할 수 없다. 유해물질은 서서히 우리 몸에 쌓여 몇 년 후나 몇십 년 후에 각종 질병으로 나타나고, 후손들에게까지 전해진다. 그것들을 만든 사람도 해를 입는 사람도 우리다. 우리는 환경오염에 대한 경각심을 가져서 넘쳐나는 화학물질을 조금이라도 줄여야 하지 않겠는가.

한 친구는 요즘 바느질하느라 바쁘다. 그 친구는 여성회관에 다니며 다음 달에 태어날 손주를 위하여 유기농 배내옷과 완구를 직접 만든다. 거기에 온 사람들은 대부분 임신부인데 태어날 아기를 안전하게 키우기 위하여 바느질을 배운다고 한다. 개인이 노력하는 집 어린이만 안전하게 키울 수 있다면 바쁜 부모들은 어떻게 할까. 귀한 자식을 해로운 것들 속에 내버려 둘 수밖에 없는가. 어떤 음식이라도 마음 편히 먹을 수 있고, 임신부가 눈이 아프도록 바느질을 하지 않아도 안심하고 아이를 키우며 살 수 있는 세상, 그런 세상은 누가 만들까.

평설
이명순의
수필 세계

이명순 수필은 다양한 물 빛깔을 가지고 있다. 이명순 수필들은 맑고 잔잔한 샘물에 비유될 수 있을 정도다. 수필 속에는 잔잔한 감동이 있고, 포근하게 느껴지는 정감이 있다. 깊은 깨달음의 경지가 느껴질 뿐만 아니라 수수하면서도 소박하고, 은근하면서도 조용하고 은은한 향취가 풍겨나고 삶의 진솔한 모습이 꾸밈없이 담겨 있다.

이명순의 수필 세계

인문적 사유의 열림과
내밀한 영혼의 울림

권대근
(문학박사, 대신대학원대 문학언어치료학 전공 교수)

I. 로그인

 오늘날 우리 한국 수필의 지형은 어떤 지도를 그리고 있을까. 바람 부는 어느 날, 이명순 수필가가 누렇고 하얀 A4지에 출력된 수필 원고 뭉치를 가지고 왔다. 나는 작가가 수필집을 낸다는 것을 빚잔치에 비유하곤 한다. 그동안 다른 사람의 수필집을 많이 받아 빚을 졌으니, 책을 내서 빚을 갚아야 한다는 논리다. 그것은 인정투쟁에 종지부를 찍고 존재증명에 나서는 길이기도 하다. 원고를 읽으며 수필의 지형이나 광맥을 찾아보게 되는 건 어쩔 수 없는 비평가의 운명이다. 문학수필의 작법은 '사실의 소재'에 대한 '문학적 사실의 소재 형식' 만들기에 있다. 본격수필의 작법이 '사실의 소재'에 대한 '문학적 사실의 소재 형식' 창작에 있는 이유는 시나 소설과 달리 수필은 태생부터 '사실의 소재' 자체를 작품의 제재로 삼는 양식의 문학으로 세상에 태어났기 때문이다. 이 태생적 특징은 수필이 문학적 수필로 진화된 이후에도 변함이 없다. 다만 프랑스 몽테뉴 본래의 수필은 '사실의 소재'에 대한 '사실적 토의'를 하는 데 그치지만 베이컨식 수필은 '사실의 소재'에 대한 창조적 구성작업, 즉 '문학적 사실의 소재 형식'으로 변용되고 있다는 점이 다를 뿐이다. 문제는 베이컨식 수필이 몽테뉴식 수필에 비해 진일보한 것이지 이 또한 협의적 관점에서 문학과 비문학의 경계에 머물렀다고 볼 수 있다는 점이다. 그렇다면 이명순 수필은 어느 지형에서 그 사유의 광맥을 뻗고 있을까 궁금하지 않을 수 없다.

일단 이명순이 창조한 사유의 산물인 그녀의 수필들은 본격문학이란 성채를 구축하는 밑돌이 되고 있어 다행스럽다. '문학이란 한 편의 의미 있는 이야기의 형상화'라는 것이 본질적 대답이며 또한 문학의 존재 이유가 된다. 문예작법의 핵심은 하나의 창조적 의미를 형상화하기 위한 모든 방법이라고 할 수 있다. 이 점에서 이명순 수필은 문학적 의의를 갖는다. 그녀의 수필은 본격수필이라는 차원에서 몽테뉴식 수필을 넘어섰고, 베이컨식 수필의 한계도 극복하고 있다. 인식의 형상화라는 차원에서 그녀의 수필은 찰스 램으로부터 시작하는 본격수필의 틀을 가지고 있다. 필자는 세계를 자아화하는 서정수필과 자아를 세계화하는 교술은 근본적으로 다르다고 본다. 그런데 아직도 우리는 수필을 '자아의 세계화'라는 틀에 묶어 두고, 거의 존재론적 사유, 사물에 대한 과학적 또는 객관적 접근을 조장하고 있다. 과학적 차원에서 보면, 토끼는 토끼일 뿐이고, 사자는 사자일 뿐이다. 그러나 예술은 그 같은 과학적 사물 존재가 아니다. 예술은 그 존재하는 양상 자체가 창조적이다. 그래서 도올은 '작가'에서 '작'의 의미는 'creative'라 하였고, 김지하는 문학을 '어불성설'이라 하였다. 따라서 문학수필은 동양시학의 '언불진의, 입상진의' 즉, 개념적으로 파악하기보다는 형상적으로 체험하는 편이 보다 우수한 창조성을 가진 작품이 될 것이다. 이런 차원에서 독자는 '이것'을 '저것'으로 하는 치환원리가 제대로 적용되고 있고, '세계의 자아화'란 서정원리가 시학으로 작동되고 있는 이명순 수필의 진수를 맛볼 수 있으리라 본다.

　이명순 수필은 모든 사람이 공감할 수 있는 가치 있는 체험과 세련된 정신세계를 문학적으로 형상화한 글이라 할 수 있다. 한마디로 시적 발상으로 산문적 형상화를 이룬 글이다. 이 수필집의 가치 척도는 여기서 출발한다. '공감할 수 있는'의 성질은 문학의 보편성을, 가치 있는 체험은 구체성을, 세련된 정신세계는 낯선 인식을 의미한다. 그리고 문학적인 형상화는 활어로 디자인된 감각적 표현을 뜻한다. 아마도 문학적 성취를 이룬 글이라면 이런 기준을 충족시켜야 마땅할 것이다. 무엇보다도 중요한 것은 삶의 창조적 내포를 담고 있는 참신한 의식이 작품 속에 넘실거려야 한다는 점이다. 이런 관점에서 이명순의 『장미의 이름으로』는 이런 준거를 충족시키고 있는 글들이라고 하겠다. 그녀의 글은 그녀가 사유하면서 남긴 영혼의 분비물이며, 그것이 형상화되어 한 편의 수채화처럼 아름답게 펼쳐진 삶의 에스프리라는 점에서 따뜻한 감동을 주며, 언제까지나 사라지지 않을 여운을 남긴다. 이러한 차원에서 보면 이명순은 삭막한 도시적 기계의 틀 속에서 문명 비판을 기반으로 하는 인문학적 사유를 추구하는 작가라 할 수 있다. 삶의 문제를 마주한 자아 성찰적 작가가 시간의 길에서 만난 문학혼을 어떻게 수놓고 있는지를 살펴보자. 문학신문사 문학연수원 본격수필의 숲에서 만난 KBS '우리말 겨루기' 본선 진출자 이명순 작가의 우리말 실력이 지닌 힘이 어떨지 궁금하지 않은가.

II. 클릭

1. 토포필리아에 핀 분홍빛 그리움

수필은 대체로 세상 읽기의 소산이다. 따라서 수필은 삶의 한 모습이다. 음악으로 말하면 일종의 악보이자 변주다. 이명순이 창조하는 사유의 악보는 절대음악이 아니라 변주를 기다리는 문자다. 그녀가 찾아가는 수필의 행로는 진리에로의 순례이기도 하지만, 사회 현상이나 자연 현상, 그리고 개인적 체험 즉 삶의 체계 속에 내재한 여러 기억들을 주로 '고향'으로부터 읽어 낸다. 작가는 이러한 장소애, 고향바라기를 통하여 일상적 삶 속으로 매몰되기 쉬운 본성적 감성을 찾아낸다. 이명순 수필의 첫 배경은 주로 회고적 그리움을 자아내게 하는 공간이다. 그 공간은 개념으로 형성되는 것이 아니라 감각으로 꾸며진다. 수필은 삶의 한 모습이다. 인간에게 없어서는 안 될 정서가 있다면, 그것은 '외로움'이라는 것이다. 인간에게 외로움과 허전함이 없다면 언제나 만족스럽고 꽉 있다는 느낌 때문에 행복할 수 있을지는 모른다. 그 행복 속에서 인간은 지향하고자 하는 욕망이나 욕심이 없어지고 편안해질 것이며 평화로워질 것이다. 그러나 불행하게도 인간은 이러한 만족감을 오래 누리고 있지를 못한다. 편안하다는 느낌이 오래 지속될 때 우리는 심심해지기 시작한다. 편안함에서 벗어나고자 했던 끝으로 생겨난 것이기 때문에 그것 자체가 힘들고 고통스럽다는 정서를 대동하고 있는 것이다. 이런 작가를 위요한 습관화된 환경이 이명순 문학의 씨앗을 잉태했다고 하겠다.

고향을 떠난 현대적 인간의 특성 중의 하나가 외로움이다. 이 외로움의 감정은 불안과도 오버랩된다. 사르트르의 말을 빌지 않더라도 인간 실존을 표상하는 심리적 기제가 바로 이런 것이다. 외로움의 구체화로써 거리두기를 들 수 있다. 인생은 나그네 길이란 말이 있듯이 떠남 역시 인간이 가지고 있는 본래의 모습이다. 말하자면 인간의 본질적 모습이다. 미로를 가고 있는 인간의 모습이 때로 우리들의 자화상으로 느껴지고 있다는 데서 작가의 세계 인식은 현대적 특성에 바탕하고 있다는 것이다. 이명순은 방황하는 자아, 방황하는 동시대인의 삶을 '할머니의 선물'이라든지 '진달래'와 같은 낱말을 구사하면서 적절하게 드러내 보여 준다.

수필은 자아와 그리움을 찾아 나서는 작업이다. 현재는 과거가 있었기에 가능하다. 여기서 자신의 과거를 잃고 현재에 묻힐 것이 아니라, 객관적인 회상을 하는 가운데서 자신을 찾아 바로 세우는 일이 바로 수필적 생활이다. 그녀는 포근하고 생명의 기운으로 가득 찬 의식의 산실이었던 유년기 속에 있는 흑백 사진처럼 아련히 남아 있는 인정을 오늘날의 건조한 풍요와 대비해 촉촉한 모습으로 구체화하는 데 능숙하다. 대단한 필력이다. 다소 안정된 공간에서 이명순이 마주하는 수필적 공간은 육칠십 년대의 애환을 담은 애련한 사진으로 인식된다. 하늘을 안고 들어온 햇살이 모인 과거의 모습이 그리움으로 다가오는 것은 추억은 언제나 아름답기 때문이다

"봄에는 고모와 나는 뒷산에 가서 봄나물을 뜯었다. 잔대, 원추리, 고사리, 취나물, 더덕 순이었다. 산에 있는 식물 이름도 그때 안 것이 많다. 내가 고향을 떠나 살 것을 예감했는지 그리움이나 고향에 대한 노래를 불렀다. 고모랑 같이 불렀던 것 중에는 '고향 생각'이라는 노래가 있다. 지금도 자꾸 머릿속에서 맴도는 이 노래다. 난 요즘도 외로울 때는 이 노래를 부른다. 이 노래를 부르면 외로움이 더 진해져서 눈물이 난다. 그러다가 한참 지나면 마음이 다시 밝아진다."
― 〈작은 꿈〉 중에서 ―

그녀는 시린 마음으로 한없이 당고모를 그리워하는, 인정

스러운 작가다. 이 수필의 결말은, '9월이 오면 나는 현숙이 고모를 만나러 멀지 않은 충청도 어느 마을로 달려가리라.'는 문장으로 끝난다. 고독한 세월의 그늘에서 작가의 당고모는 작가가 어릴 때 작가를 업고 논길을 걸어가면서 노래도 가르쳐 주고 재미나는 이야기도 해 주었다. 그때 당고모한테서 배웠던 '아기별'이라는 노래가 오늘날 작가에게 문학의 씨앗을 심어 주었던 것 같다. 작가는 '수필 속에 반짝이는 게 촛불인 줄 알았더니 아기별이었다.'는 노랫말을 지금도 기억하고 있기 때문이다. 이로써 이명순의 문학세계를 이루는 가장 두드러진 그림자 형상은 존재에 대한 짙은 외로움과 가시지 않을 짙은 향기다. 모든 사람의 가슴 속에 공통적으로 존재하고 있는 것이기도 하지만 유독 그녀에게는 강하다. 그러기에 그녀는 '당고모와 함께했던 고향 마을의 추억만큼 따뜻한 곳이 또 있을까.' 하고 그 시절을 잊지 못하고 산다. 세상에 존재하는 모든 것은 자기를 표현함으로써 자기 존재를 드러낸다. 전반부 대다수 작품들은 과거 회고적 그리움으로 생성되었음을 알 수 있다. 그녀야말로 눈물의 습기를 통해 황홀한 기적을 만나는 작가라 하겠다. 수필을 씀에 있어서, 이명순은 소시민적 생활의 애환을 그리든, 병든 사회에의 저항과 분노를 나타내든 간에, '문학성' 속에 그 대상을 용해하고 있다는 점에서 훌륭한 작가군에 이름을 올려놓는다. 그녀가 어둠 속에서도 환히 피어나는 피안의 세계를 가진 작가임은 〈진달래〉를 통해 드러난다.

"봄이 오면 고향 뒷산에도 진달래가 흐드러지게 피었다. 그 꽃은 아이들을 들뜨게 했다. 아이들은 마음껏 산을 누비고 다니고 싶었지만, 어른들은 아이들끼리만 산에 가는 것을 허락하지 않았다. 진달래꽃이 많이 핀 산에 가면 용천배기가 있다고. 바위 뒤에 숨어 있다가 아이들에게 진달래꽃을 꺾어 주며 꼬여 잡아간다고 했다. 아이들은 공포에 떨었지만, 가끔 어른들 몰래 진달래를 꺾었다. 다행스럽게도 우리 주변에는 용천배기한테 잡혀간 아이는 없었다. 어른들이 정말 그렇게 믿었을까. 아이들이 산에서 다칠까 걱정되어서 그렇게 말했을까."

― 〈진달래〉 중에서 ―

〈진달래〉는 그녀가 살아왔던 시간들 중에서도 가장 짙은 '아롱다롱' 추억을 동반하고 있는 작품이다. 아름다운 곡선의 향기가 서려 있던 시간들에 사유가 뿌리를 내리고 있다. 수필의 특성 중 하나가 자조적 성격이다. 수필은 자기 자신의 내면을 보는 거와 같다. 수필 〈진달래〉에서 작가는 아름다웠던 추억의 변주곡에 초점을 둔다. 그러면서 평온했던 자신의 처지를 동일선상에 놓는다. '희망차고 아름다우며 화사한 봄의 뒤편에는 슬프고 두렵고 괴로운 일도 끼어 있다. 요즘 사람들은 어떤 봄을 맞을까. 일요일에 교회에 가고 싶어도 시간이 없어 못 간다는 봉고차 기사 아주머니의 말에 가슴이 짠했다. 그 아주머니는 휴일을 맞아 떠나는 여행객을 실어 나르느라 일요일이 되면 더 바삐 움직여야 한다.'고

고백하는 작가는 이 수필에서 유년의 추억과 자신의 삶을 하나의 끈으로 묶는다. 그 운명의 사슬이나 속성에 탐닉하며 타자들의 그늘에 대해서 아파하지만 종국에는 편안하고 행복한 그리움의 정서를 드러낸다.

"천수만 일대의 대규모 간척사업으로 인하여 농토는 넓어졌지만, 추억을 되새길 수 있는 장소가 없어져 버렸다. 사람은 추억을 먹고 산다고 하지 않는가. 중년에게 추억은 삶의 장소다. 추억이 많은 사람일수록 마음이 더 부유해지고 행복해진다고 믿는 나에게 갯벌의 부재는 마음의 영양실조를 의미한다. 그러나 어쩌랴. 이 부재의 상황도 어느 순간 나의 기억의 창고에 저장되고 과거가 되리니. 이 안타까운 상처도 시간이 더 흘러 추억으로 바뀌면 나는 변화된 상황에 새로운 의미를 부여할 수 있지 않겠는가."

— 〈농게잡이〉 중에서 —

추억이 물결치는 수필은 〈농게잡이〉다. '게를 보자 어릴 때 할머니를 따라 처음 갔던 밤바다에서 게잡이 하던 일이 떠오른다.'라는 작가의 회고는 분주한 현대적 삶 속에서 핀 그리움의 꽃이다. '밤바다는 어떨까 자못 궁금해서 가는 길에도 마음이 설렜다.'는 작가는 영종도 개펄에다 인간사를 투영하고, 자신의 삶까지도 포갠다. 시골의 딸로 태어난 것을 숙명으로 받아들이는 작가이기에 투사를 통해 짙은 공감의 근원을 개펄에서 발견한다. 그리고 유년의 삶을 통해 자신의 내면을 투영한다. 밤바다는 자기 존재를 스스로의 눈으로 응시하기 위한 수단이 된다. 따라서 이 수필은 자기 응시의 경로를 통해 견뎌 온 삶의 향취를 풍긴다고 하겠다. 밤바다의 추억과 유년의 삶을 연결시켜 정서적으로 풀어낸 것은 이명순 작가의 탁월한 문학적 재능을 뒷받침한다고 하겠다. 이런 이미지의 결합이 문학적 성과를 거두는 이유는 뭘까. 추억이라는 벼랑 끝 궤적을 연상케 하고, 밤바다를 낀 서해안 개펄 체험을 들려주며, 성장 과정에서 놓쳤던 유년의 추억을 불러내어 치유를 시도하기도 하고, 개발 위주의 문명을 비판하기 때문일 것이다. '천수만 일대의 대규모 간척사업으로 인하여 농토는 넓어졌지만, 추억을 되새길 수 있는 장소가 없어져 버렸다.'는 작가는 흔들림 없이 지켜왔던 자신의 삶을 밤바다의 추억을 통해 길어 올리고 있어 감동을 준다.

"큰길가에서 고생하는 둥굴레는 경이 언니 같다. 언니는 이십 대 초반에 결혼한 뒤 남편을 따라 미국으로 갔다. 기댈 언덕도 없는 낯선 땅에서 외줄 타기를 하듯 언니는 갖은 고생을 다 하며 살았다. 세탁소를 하다가 슈퍼를 운영하기도 했는데, 슈퍼 할 때 가게에 강도가 들어 총을 맞았다. 다행히 목숨은 건졌지만, 얼굴에 흉터가 남았다. 그 후부터 언니는 항상 돌다리를 두드리며 건너듯 조심하고 늦은 밤에 귀가할 때는 집으로 곧장 가지 않고 다른 곳으로 빙 돌아서 갔다고 한다. 지금은 텍사스에서 잘 지내고 있다."

- 〈둥굴레〉 중에서 -

모든 것이 구족된 환경에서 문학은 설 자리를 잃는 법이다. 욕망이 좌절되고 꿈이 상처를 입을 때, 사람들의 마음에 정서가 생겨나는 것이다. 작가가 풀어내고 있는 이야기보따리는 그리움의 범벅이다. '옮겨 심은 모종 중에서는 난 자리에서 그대로 크는 모종보다 더 튼튼하게 자라는 것도 많다고 한다. 산을 떠나 도시 한복판에 살게 된 둥굴레가 길가 생활에 잘 적응하고 튼튼히 뿌리를 내려 자손을 퍼뜨리며 잘 살아가길 바라는 마음이 어찌 나 혼자만의 생각이랴. 자연은 우리에게 남겨진 마지막 구원의 보루다. 언니가 여러 어려움을 이기고 타국에서 단단히 뿌리를 내려 잘 사는 것처럼, 둥굴레가 길가에서도 잔병 없이 정착에 성공하기를 바란다.'는 소망이 승화되어 한 편의 멋진 수필이 되었다. '큰길가에서 고생하는 둥굴레는 경이 언니 같다.'는 진술은 오늘날 이명순을 본격수필가로 만든 씨앗이 분명하다. 문학은 '이것'을 '저것'으로 라는 치환원리 속에서 피는 꽃이 아닌가. 미국으로 가서 강도에게 총을 맞아 고생한 언니의 삶을 길가에 핀 둥굴레에 비유하여 주제의식을 보이게끔 형상화하는 능력은 본격수필가로서 그동안 닦아온 실력을 보여주는 것으로 판단된다. 언니에 대한 기억이 기도가 되어 작가의 가슴에 남아 있다가, 이명순으로 하여금 그리움의 수필을 쓰도록 요구한다. 무릇 작가는 무지개를 쫓아가다가 놓쳐 버린 소녀의 안타까움을 지녀야 한다. 둥굴레의 정착을 바라는 마음을 언니에 대한 기도로 전이시켜 작가는 비가시성의 가시화로 의미화한 것이다.

"다른 새의 둥지에 알을 낳아 놓고 알이 무사히 잘 있는지, 새끼가 잘 자라고 있는지 그 모습을 지켜보느라 멀리 날아가지 못하고 그 근처에서만 맴도는 새. 이리저리 쫓겨 다니면서 다른 둥지를 넘보는 뻐꾸기의 처지가 안쓰럽기도 하다. 뻐꾸기가 운다. 알이 걱정되어서 우는 것일까 낳아 놓기만 하고 키워 주지 못한 미안함과 서러움에 슬피 우는가. 부모의 목소리라도 듣고 따라 해 보라고 우는 것일까. 오늘따라 뻐꾸기의 울음소리가 애잔하고 처량하게 들린다."

- 〈탁란〉 중에서 -

위의 〈탁란〉은 수작이다. '다른 새의 둥지에 알을 낳아 놓고' 새끼를 키우는 뻐꾸기를 조손 가정의 할머니에 비유한 것이라든가, 국외 입양아 문제로 비화해 나가는 데서 우리는 이명순의 작가적 기량을 엿볼 수 있다. '태어나자마자 어미가 누군지도 모른 채 다른 어미한테서 살아남아야 하는 기구한 운명에 놓인 뻐꾸기 새끼'와 양부모의 눈에 들기 위해 애를 써야 하는 입양된 아이를 견주는 데서 작가가 얼마나 문학적 성취를 위해 노력하는가를 가늠할 수가 있다. '제 몸보다 서너 배나 큰 뻐꾸기 새끼에게 먹이를 물어다 주느라 부리가 닳고 깃털이 다 빠지도록 애쓰는 할미새를 보면, 무엇을 위한 헌신인가 외경심마저 느낀다는 작가는 관찰-고찰-통찰-성찰로 이어지는 사찰의 과정을 거쳐서인지 남의 새끼를 키우는 할미새의 모습을 담담하게 그려낸다. 작가는 뻐꾸기 새끼의 등에 떠밀려 둥지 밖으로 떨어져 산화

되는 알들을 보며 어린 뻐꾸기의 잔인한 행동에 치를 떤다.

그러나 작가는 결말부에서, '뻐꾸기가 운다. 알이 걱정되어서 우는 것일까 낳아 놓기만 하고 키워 주지 못한 미안함과 서러움에 슬피 우는가. 부모의 목소리라도 듣고 따라 해 보라고 우는 것일까. 오늘따라 뻐꾸기의 울음소리가 애잔하고 처량하게 들린다.'라고 하면서 어느 편을 들거나 옳다 그르다 하는 판단을 유보한다. 직접과 간접의 경계에서 부모가 겪어야 하는 심리적 불안과 애환을 어찌 위 수필보다 더 절절하게 표현할 수 있겠는가. 절제된 감정으로 비통하기 그지없는 슬픔을 잘 다스려 서글픈 희생과 헌신을 아프게 터치하고 있는 부분이 공감을 자아낸다. '탁란'은 인간사의 굴곡을 잘 나타내고 있다. '오늘따라 뻐꾸기의 울음소리가 애잔하고 처량하게 들린다.'는 결말부 진술은 인간적 향기를 진하게 풍겨낸다고 하겠다.

2. 삶의 근원을 형성하는 모성의 원리

이명순은 햇살 내리비치는 볕 좋은 날의 행복한 소녀 같은, 영롱한 빛살들로 가득 찬 그리움의 세계를 가진 작가다. 이명순 문학이 향하는 곳은 근원에 대한 본능적 편향성, 어머니로의 지향성이다. 그 그리움의 귀착지는 오 남매를 키워낸 어머니다. 전반부 작품 하나하나에 어머니를 그리워하는 정서가 없는 게 없다. 한마디로 절절한 사모곡이다. 이는 이명순만의 독특한 정서라기보다 모든 사람의 가슴 속에 공통적으로 존재하고 있는 것이다. 대부분 수필들이 존재의 근원에 대한 인식을 바탕으로 직조되고 있다. 어떤 경우든 삶을 윤택하게 하는 것은 인간의 순수 지극한 정성, 모정이라는 사실을 부정하지 않는다. 이 사실은 작품 〈박새〉가 입증한다. 겉에서 보면 새소리를 좋아하는 작가 자신의 성향이 화소가 된 것 같은 인상이 강한 작품이나 주제의식은 모정에 있다. 사람들은 물질적 변혁만 이루면 인간이 안고 있는 모든 아픔이 허물을 벗고 한 순간에 환한 모습의 꽃으로 피어날지 모른다고 착각한다. 그러나 눈에 드러나는 현란함은 한때 사람들을 현혹시킬 수는 있지만, 그 자체가 완전한 행복의 실체는 아니다. 물질만으로는 생명을 틔울 수 없고, 진정한 가치를 창조하기 위해서는 무한대의 '정'이 필요하다는 사실을 깨닫게 된다. 이명순의 수필적 정서는 오남매를 키우느라 고생하신 어머니에 대한 그리움에서 비롯된 인간적 향기라 하겠다.

"새는 아무리 급해도 먹이를 물고 와서 곧바로 둥지로 들어가지 않고 좀 떨어진 나무에 앉았다가 주위를 살핀 후 둥지로 들어간다. 이렇게 똑똑한 새에게 어느 누가 '새대가리'라는 말을 할 수 있겠는가. 제 자식 잘 키워 내보내는 영특한 새를 폄하하면 되겠는가. 제 한 몸 건사 못하는 어리석은 사람보다 낫다. 박새의 새끼들은 하루에 자기 몸무게만큼 먹이를 먹는다니 여러 마리의 새끼를 키우기 위해 어미새는 얼마나 바쁘게 움직여야 할까. 우리 오 남매를 키우느라 고생하시던 부모님이 떠오른다."

- 〈박새〉 중에서 -

　인간에게 소중한 것은 자신의 삶이 갖는 의미에서 스스로 만족하는 것이다. 그 충족의 기쁨 없이 삶은 무의미한 것에 지나지 않는다. 단지 살아 있는 것만으로 기뻐할 수 있는 것은 엄숙하게 운명을 받아들이려는 마음 씀에 기인하는 것이다. 인간은 누구나 무엇에 의지해 자기를 지탱할 수밖에 없는 나약한 존재다. 적막이라도 따뜻하다면, 차라리 괜찮은 것이다. 이 역설의 낯설게 하기가 주는 미학은 그녀를 무한한 포용성의 얼굴을 가진 작가로 부각시킨다. 삶을 원망하고 현실에 불만을 토로한다고 해서 삶의 질이 어느 한 순간에 돌변하여 달라지는 것은 아니다. 이 수필 〈박새〉는 새소리를 좋아하는 작가가 새집을 지어 놓고 새가 와서 살기를 기다리는 부분 제시에서 시작한다. 수필의 발단부나 전개부에 어머니란 단어는 한 단어도 쓰지 않고 전개부 마지막쯤에 가서 여러 마리 새끼를 키우기 위해서 하루에도 새끼들의 몸무게만큼이나 먹이를 물고 날아야 하는 어미 새의 바쁜 몸짓을 어머니의 헌신과 희생에 견주어, 우리 시대 어머니의 상을 다시 반추하는 데서 빛나는 문학적 성취를 확인할 수 있다. '새는 아무리 급해도 먹이를 물고 와서 곧바로 둥지로 들어가지 않고 좀 떨어진 나무에 앉았다가 주위를 살핀 후 둥지로 들어간다.'는 진술은 우리네 전통적 어머니 상과 버물어져 탄생한 것이어서 공감을 준다.

새를 관찰함에서 출발된 깨달음이 노정된 이 글은 헌신적 삶의 소중한 경험이요, 수필가는 그 경험의 전파자가 되어야 할 것이다. 오늘을 사는 우리에게 진정으로 필요한 것은 잔잔한 감동을 만들어낼 수 있는 이 끈끈한 혈연의 연대라는 것을 이 수필은 말해 준다. 순수한 연모와 향기 나는 모성애보다 더 가치롭고 아름다운 것이 이 세상에 어디 있을까. '죽음을 무릅쓰는 어미의 마음에 감동했는지 고양이가 슬쩍 자리를 비웠다. 그 사이 어미 새는 벌레를 물어다 새끼에게 먹이느라 문턱이 닳는다. 고양이도 어미 새의 자식 사랑에는 손들 수밖에 없었나 보다.'는 멘트가 살짝 가슴을 찌르면서, 여운의 맛을 준다. 이런 맛이 있어 문학성이 생겨나고 공감도가 형성되는 게 아닐까.

"내가 대학 다닐 때 남동생 두 명과 계룡산에 갔을 때도 어머니는 날아오르듯 단숨에 먼저 정상에 올랐는데, 꿈속에 있었던 일이란 말인가. 우리를 품고 감싸 주던 튼튼한 둥구나무는 어디로 가고 살짝 건드리기만 해도 부러질 것 같은 마른 삭정이만 남았는가."

— 〈삭정이〉 중에서 —

문학성이란 말이 상당히 막연한 것 같지만, 따지고 보면 주제와 구성 그리고 표현의 공감도를 의미한다. 〈삭정이〉란 수필의 '우리를 품고 감싸 주던 튼튼한 둥구나무는 어디로 가고 살짝 건드리기만 해도 부러질 것 같은 마른 삭정이만 남았는가.'라는 표현은 그녀의 수필가적 문재를 보여 주는 공감의 지름길이라 할 수 있다. 어떻든 수필은 공감의 문학이기 때문에 멋과 맛뿐만 아니라 반드시 향기를 지녀야 한다. 그 향기는 솔직함에서 나오지 않는가. 또한 작품과 작가는 일치해야 한다. 수필적 삶의 진실이 그대로 자신의 수필 속에 투영될 때, 향기가 나오기 때문이다. '어머니의 등은 위에서 아래까지 길게 절개되어 등뼈 사이에 철골을 끼워 넣고 단단한 보호대로 꽁꽁 묶여 있다. 그런 어머니를 보고 있는 내 눈에 부옇게 안개가 끼었다.'는 대목은 이명순에 있어서 삶의 진실과 수필의 진실이 같음을 증명한다. 일상을 조탁하는 정서의 힘이 멋을 한껏 우려낸 결과라 하겠다. '어머니는 대소사가 많던 종갓집 맏며느리로서 일 년에 열 번 제사를 모시며 손님치레하느라 손에 물이 마를 날이 없었다. 설 명절에는 떡국 끓이고 주안상 차려 내느라 부엌을 벗어날 수 없던 분. 다른 어머니들처럼 우리 오 남매 키우느라 평생 고생하신 건 말할 나위도 없다.'는 〈삭정이〉에서의 진술은 보이지 않는 어머니의 인고를 보이게 '삭정이'로 형상화했기 때문에 이 작품은 문학적 형상화가 빛나는 작품이라 하겠고, 작가 역시 능력이 뛰어나다고 하겠다.

"저녁 무렵, 거리를 걷는데 까마귀들이 다급하게 우는 소리가 들린다. 까마귀는 구급차의 소리를 가장 높은 단계로 올려놓은 것처럼 빠르게 울어 댔다. 까마귀 우는 소리가 예사롭지 않다. 걸음을 멈추고 보니 까마귀 두 마리가 전깃줄 위에서 이쪽저쪽으로 바쁘게 날아다녔다. 까마귀는 발이 전깃줄에 닿자마자 다시 다른 쪽으로 날아가며 안절부절못하고 있었다. 쩔쩔매는 전깃줄 위의 까마귀와는 달리, 길바닥에는 새끼인 듯 작은 까마귀 한 마리가 돌아다니고 있었다. 주차장이라 차는 여전히 들락날락하고 있는데, 작은 까마귀는 날아오르려고 하다가 자동차 지붕 위에 떨어져 미끄러지고, 또 떨어졌다."

– 〈까마귀 울음〉 중에서 –

 이 수필의 핵심은 인간 못지않은 까마귀의 새끼 사랑을 파악하는 데에 있다. 부모인 듯한 까마귀 두 마리가 목청껏 쉬지 않고 울어 댄다는 문장이 주는 의미에 눈물보다 끈적한 모정의 향기와 간절함의 미학이 펼쳐져 있다. 모성적 원리를 주제로 하는 수필은 현대사회의 특성상 여성의 수필에서 필연적으로 자주 나타날 수밖에 없는 것이다. 날아오르려다 자동차 지붕 위로 떨어져 버린 새끼를 걱정하는 건 작가도 부모 까마귀 못지않다. 이런 까마귀의 울음소리를 보고 작가는 흔히 사람들이 말하는 '동물은 생각이 없다'는 데 대해 이의를 제기할 정도다. 동물이나 인간이나 모성은 위대하다는 것이다. 자식을 안전하게 챙기는 것은 부모의 존재 이유다.
 타자를 향한 연민이나 측은지심은 일종의 아름다운 격려이자 인간적인 행위다. 그것은 더 나은 세상을 위해서도 보람 있는 일이지만 작가적 정신적의 영토 확장에도 바람직한 일이다. 이 수필은 위기에 빠진 까마귀의 구출이나 까마귀 부부의 자식 사랑을 보여 주는 게 목적이 아니다. 작가는 이런 까마귀 관련 삽화나 예화를 부모님의 헌신을 돋보이게 하는 데 활용하고 있다는 점에서 문학적 성취가 빛나는 것이라 할 수 있다. 그것은 비유의 원리에서 새로운 인식의 기쁨을 누리는 희열이라고도 할 수 있다. 여기에는 필시 모성의 원리가 작용하고 있을 것이다. 특히 모성 체험과 같은 자녀와의 관계성은 여성의 도덕적 인식을 구성하는 요체다. 여성에게는 무조건적이고 희생적인 모성성을 요구하는 어머니라는 위치가 가장 확실하게 그녀에게 존재의미를 부여하고 있다. 여기서의 모성 이데올로기는 여성의 임무는 가족 구성원을 돌보고 그들에게 정서적 안정을 제공하는 사회적 통념을 의미한다. 부모님의 고생을 구체적으로 제시하면서 설득을 구하는 전략도 성공적이었고, 문학은 간접화의 원리에 의해 문학성이 생성되는 것임을 보여준 점도 좋았다. 다음 수필에서도 진실한 사랑의 마음자리가 뜨겁게 솟구친다.

"할머니는 내게 혼수를 해 주기 위해 십여 년 동안 해마다 목화를 심고 가꾸셨다. 뙤약볕에서 김매기와 순 자르기 등을 하며 정성을 기울였다. 목화를 오랫동안 가꾸어서 그런지 할머니는 목화송이 같았다. 할머니가 하얀 세모시 치마와 적삼을 입고 나서면 한 송이의 목화꽃이 되었다. 자그마한 체구의 할머니가 작은 발에 꼭 맞는 흰 고무신을 신고 걸으면 하얀 모시옷이 더욱 빛났다. 다른 아이들 집에서 아이들이 어른 신발을 신으면 커서 벗어지는데 나는 초등학교 사 학년쯤 되었을 때부터 할머니 신발에 발이 들어가지 않아 못 신었다."

- 〈할머니의 선물〉 중에서 -

위 작품은 자식을 향한 할머니와 어머니의 정, 부모를 향한 자식의 정이 어떠한가를 교차적으로 제시해 주는 수필이다. 현대인들은 자식들이 물질적으로 풍요롭고 불편 없이 살 수 있게 해 주었다는 사실만으로도 부모의 도리를 다한 것으로 생각하는 사람들이 많다. 그것도 돈이 있고 여유가 있는 부모만이 베풀 수 있는 것임에 틀림없다. 그러나 아이들에게 정작 필요한 것은 물질적인 도움이 아니다. 아무리 황금만능주의 사회라 하더라도 부모와 자식 간은 물질이 전부일 수 없다. 이명순은 이런 진리를 '할머니의 선물'이라는 수필을 통해 잘 보여 준다. '목화를 오랫동안 가꾸어서 그런지 할머니는 목화송이 같았다. 할머니가 하얀 세모시 치마와 적삼을 입고 나서면 한 송이의 목화꽃이 되었다.'는 문구는 미학적 사유로 나아가게 해서 상상과 연상을 통해 심미적 정서를 유발하게 한 까닭으로 문학적 성취가 빛난다. 할머니와 손녀 간에 오고가는 사랑의 화음이 감동을 준다. 목화꽃의 상징성에 뭉클한 감동이 드는 것은 두 분의 애정이 그만큼 절대적이며, 애틋하고 간절하다는 증거가 아니겠는가. 작가는 이 작품을 통해서 혈연의 소중함을 다시 한 번 일깨워 주고자 한다. 할머니와 손녀 간의 정이 예전 같지 않은 요즘이라 이런 글이 더욱 가슴에 와닿는다.

이명순 수필 세계가 보여 주는 모성의 원리는 따스함이 스며나고 있으며, 진솔한 고백이 반성적 성찰의 원리로 승화되어 나타난다. 할머니는 손녀에게 혼수를 해 주기 위해 십여 년 동안 해마다 목화를 심고 가꾸었다고 한다. '목화밭에 떡잎이 나오면 그곳은 연둣빛 나비들이 날개를 활짝 펴고 떼 지어 날아온 듯했다'는 표현에는 할머니에 대한 손녀의 순진무구한 사랑미학이 구축되어 있다. 수필 문학이 지닌 특징 중의 하나는 개인적 체험을 보여 주는 데 있어서 정서를 객관화하거나 비유를 써서 형상화시켜 낸다는 점이다. 독자로부터 공감을 얻게 되는 것은 그 소재가 특별해서라기보다 작가의 형상력이 인정과 사상에 뿌리내려 있어서일 경우가 많다. 이명순 수필의 최대 강점은 체험의 진실성이요, 진한 모성 원리의 표백에 있다. 이것이 독자로부터 공감을 얻게 할 뿐만 아니라 수필 문학으로서의 가치와 문학성을 담보해 주는 것이다.

3. 사회의식에 닿은 상상력과 미의식

이명순의 수필은 바슐라르의 이론처럼 상상력과 미의식의 관계를 통해 구축되고 있어 평자는 체험이 문학적으로 어떻게 변용되는지 그 과정을 행복하게 살펴볼 수 있었다. 그리고 나는 그녀의 수필집 『장미의 이름으로』를 통해 한 작가가 인생을 살아오면서 고민했던 갈증처럼 채워지지 않는 추구의 시간을 사색과 사유로 승화시켜 내는 지혜를 함께 읽어 나갈 수 있었다. 〈촛불〉에서, 그녀는 삶의 영역에서 갖는 사색과 여유의 가치를 '촛불'로 형상화하여 비움과 베풂의 미학이라는 주제를 잘 의미화하고 있다. 여기에서 끝나는 것이 아니라 보다 더 주제의식을 구체적으로 전달하기 위해 친구 '선이'의 '선의'를 끌어와 '촛불의 미학'을 보여 준다. 작가의 말대로 '욕심을 내려놓기가 쉽지 않다.' 그녀는 이 작품을 통해서 '나눔의 실천'이란 선행을 이야기한다. 비움과 나눔으로 얻어 가는 정신적 가치를 높게 평가한다는 의미다.

　인간의 여러 모습 중에서 가장 아름다운 모습은 주어진 운명에 순응하려는 몸짓이다. 바로 자연의 섭리에 따르려는 삶에 대한 겸허다. 말기암 환자인 친구 선이의 선행을 이야기함으로써 그녀가 던지는 메시지는 '여유'요, '느긋함'이다. 산다는 것은 현실에서 멀리 떨어져 나가려는 원심력과 그것과 대치되는 구심력의 절묘한 반복이라고 할 수 있다. 그 줄다리기의 위험한 연속행위와 갈등 속에서 오랜 시달림 끝에 마침내 구심력을 향해서 돌아오는 동작구조, 그 회귀행위의 근저에는 스스로 낮추고 한없이 겸허해진 자아가 자리 잡게 된다. 그 겸허한 모습은 자신의 모습 가운데서 가장 아름답고 소중한 진수이며 삶의 영롱한 에센스가 될 것이다. 이 수필 〈촛불〉은 무한한 원심적 탄력 속에서 가까이 존재하는 일상의 그것과는 다른 특별한 친구 선이의 모습이 투영되어 있다. 그것은 세상에서 가장 아름답고 소중한 삶의 영역이며 우리의 지친 영혼이 안주할 수 있는 터전이 된다. 이 수필을 읽고 나면, 오랜 집착과 이기적인 파도를 넘어 우리의 영혼이 가장 낮은 자세로 임하게 되는 지점이 바로 여유의 미학, 이명순의 수필 세계임을 알 수 있다.

"어둠 속을 환히 비추는 촛불을 보며 선이를 떠올린다. 전깃불처럼 환하게 넓은 곳을 밝히지는 못하더라도 어두운 곳을 밝히는 작은 불, 불을 다른 초에 댕겨 주어도 자신의 빛은 줄어들지 않고 그대로인 촛불, 작은 촛불들이 골골샅샅이 그늘지고 어두운 곳에 켜지면 얼마나 좋을까."

- 〈촛불〉 중에서 -

인용 예문에서 볼 수 있듯이, 〈촛불〉은 비움과 나눔이 새겨지는 삶의 자리에서, 유한한 삶 자체에 대한 고민과 그것을 넘어서려는 몸부림이 선명하게 나타나 있다. 생활 속의 깨달음을 진리로 연결하는 그녀의 여유에 찬 삶이 주는 감동은 안식의 문학이라는 수필 고유의 특성을 전해 준다. 지혜의 보고서라 할 만한 이 수필은 여기의 대상으로 간주되었던 생활수필을 한 단계 업그레이드시키고 있다. '불을 다른 초에 댕겨 주어도 자신의 빛은 줄어들지 않고 그대로인 촛불,'은 구체어의 맛을 느끼게 해서 문학 언어가 주는 미적 감동을 안겨 줄 뿐만 아니라 깨달음을 통한 나눔과 배려의 가치를 전달해 주기도 한다. 나눔의 필요성과 여유의 중요성을 관념적인 언어로 설명하지 않고 구체적 진술로 제시함으로써 수필언어가 도달해야 할 원형을 우리에게 제시해 주었다고 하겠다. 뿐만 아니라 독자와의 공감대 확보를 위해 작가는 도네이션의 구체적인 액수도 제시하고 있다. 이런 설득적 논리는 주제의식의 구체화를 돕기 위한 필수적 장치로서 기능한다고 하겠다.

예술의 가장 본질적 조건이 상상의 문을 통해서 만들어진다는 것을 인지한 작가는 상상력에 의한 수필의 예술성이 어떻게 가능한지를 〈손〉이란 수필을 통해 잘 보여 주고 있다. 예술을 위해서 가장 중요한 것은 상상에 의한 유추와 상상의 기법을 극대화해 나가는 것만큼 효과적인 방법은 없다. 발레리는 문학 속에서 사상이란 과일 속에 묻혀 있는 영양소와 같이 숨겨져 있어야 한다고 했다. 엘리엇은 문학은 사상을 장미꽃 향기와 같이 감각화하는 것이라고 하였다. 따라서 문학의 내용에 어떤 사상이나 이념을 시도할지라도 그것이 문학이 되도록 하기 위해서 그녀는 '사상의 정서화', '이념의 감각화', '내용의 형상화'를 철저히 이루고자 한다. 자신의 큰 손을 좋아하는 사람은 할머니와 부모님뿐이었는데, 결혼하면서 한 사람이 추가되었다. 남편이라는 것이다. 그런 자신의 손에 대해 그녀는 '주눅 들어 사는 내 손은 생김새와는 달리 잘하는 것들도 많다.'고 말한다. '아무리 예쁜 손이라도 당길 심만 많으면 미워 보이고, 손이 못생겼다 하더라도 그 손으로 많이 베풀고 남을 도와준다면 아름다운 손이라는' '아름다움'에 대한 재해석이 신선한 미적 감각을 우려내어 감동을 전해준다고 하겠다. 손은 무슨 일을 하느냐가 더 중요하다는 마지막 한마디는 깊은 울림을 주고도 남음이 있다. 사상의 정서화나 이념의 감각화, 내용의 형상화가 아주 잘 된 작품이다.

앤서니 엘리엇은 오늘의 자아가 형성되기까지 내가 걸어 온 길을 되짚어 보고 표현하는 글이 수필이라고 하였다. 그리고 자아의 형성 과정이 개개인마다 다르니 글도 사람에 따라서 달라져야 한다고 했다. 그러기 위해서는 성찰이라는 과정을 통해서 자신을 정확하게 바라볼 줄 알아야 하고, 또 성찰이라는 과정을 통하여 자기규정을 하여야 한다고 했다. 수필 〈상처〉는 엘리엇이 말하는 자아이론의 핵심이 실린 작품이다. 성찰하는 과정은 삶의 궤적에 관하여 심리적이고, 사회적인 정보를 주시하고 되돌아보는 과정이다. 수필쓰기에는 자아 성찰이라는 과정이 들어간다. '꽃사과나무가 사라지는 걸 보면서 나만을 위한 이기심으로 남에게 상처를 주지 않았는지 성찰의 시간을 갖는다. 나의 언행으로 인하여 상처를 입은 사람이 얼마나 될까. 남의 잘못을 탓하기에 앞서 나를 돌아보고 정구 업 진언이라도 해야 할 것 같다' 는 고백에서 만들어지는 자아발견의 세계는 이명순 수필의 고유한 예술적 기법이 된다. 왜냐하면 소설의 허구성이나 시의 압축적 언어와 달리 이것은 상상 아닌 실제적 사실의 세계를 전제로 하고 그 내면에서 또 하나의 상상의 세계를 상징적 연상으로 병행시켜 나가는 형태이며, 이는 오직 수필만이 가능한 특수한 상상의 형태이기 때문이다. 이런 독자적인 기법은 이명순 수필의 우월성을 확보해 나가게 한다고 할 수 있다.

" '농부는 굶어 죽어도 씨앗은 베고 죽는다.'는 말이 있다. 당장 배가 고프다고 씨앗을 남겨두지 않으면 나중에 큰 배고픔을 겪게 된다는 말이니, 그만큼 씨앗을 중요하게 여겼다. 목숨처럼 소중하게 여기는 씨앗이지만, 다른 사람이 심는다고 달라고 하면 서슴없이 내어주는 것이 농부의 마음이다. 씨앗은 돈을 받고 파는 것이 아니라 나누는 것이다."

― 〈슬픈 씨앗〉 중에서 ―

'농부는 굶어 죽어도 씨앗은 베고 죽는다.'라는 속담으로 시작하는 이 수필은 '슬픈' 씨앗의 정서를 대동하고 있다. 여기서 주목해야 할 부분은 어떤 일이 있어도 '씨앗'만큼은 돈을 받고 팔지 않는 것이라는 속담의 인용으로 주제의식의 상상화를 도모하는 대목이다. 작가는 국내 종자회사 대부분이 외국계 회사에 팔려나가 국내 종자의 산업 토대가 무너지고 있는 현실을 안타까워하고 있는데, 안타까움의 정도를 넘어 씨앗의 슬픈 현실을 식량주권과 안보 문제와 결합시키고 있다. '꽃을 피우고 씨를 맺어 자손을 퍼뜨리는 일은 식물이 할 일이다. 그러나 요즘 새로 개발된 채소나 곡식들은 꽃을 피우고 씨를 맺어도 자신과 똑같은 자손을 퍼뜨릴 수 없으니 안타깝다. '이제 노란 장다리꽃 위로 흰나비가 날아다니던 아름다운 모습은 어디에서 찾아볼 수 있을까.'라며 씨앗이 제 역할을 못 하는 현실을 따갑게 질타하는 공감 확대 전략이 좋았다.

"여러 조각으로 마름질 된 천을 이어 하나의 완성품으로 만들어 가는 바느질은 인생살이 같다. 여러 개의 천을 이어야 제 몫을 더 튼실하게 해내는 의류처럼 내 인생도 자주 점검하고 수리하여 더 나은 가치를 추구할 것이다. 결핍은 나를 움직이게 하는 동력이다. 옷이 터지거나 해질 때마다 그 부족함을 채우는 바느질이 있으니 끝이 보이지 않는 어두운 터널 속에서도 나는 기운차게 걸어갈 수 있다. 해어지고 올이 풀린 곳을 수선하며 실밥이 뜯어지고 느슨해진 곳은 단단하게 꿰매면서 완성해 나가는 바느질처럼 인생길도 재점검하면서 살아가리라."

– 〈바느질을 하면서〉 중에서 –

이명순 수필은 우리가 살아왔던 시간들 중에서 인간미가 서려 있던 시간들에 뿌리를 내리고 있다. 작가는 바느질에다 인간사를 투영하고, 자신의 삶까지도 포갠다. 그렇게 해서 자신 그림자를 드러낸다. '재봉틀은 어떤 일이든 순리대로 해야지 억지로 하면 안 된다는 것을 나에게 가르쳐 주었다'는 진술에서 짐작하듯이 '재봉틀'은 삶을 바라볼 수 있는 좋은 단초를 제공해 준다. 자신의 부족한 부분을 의식의 세계로 이끌고 나와서 자신의 인격으로 통합하는 것이 인격의 폭을 넓히고, 의식의 시야를 확대할 수 있는 것이다. 이것은 자기 성찰의 바람직한 방법으로 수필에서 추구해야 할 목표인 것이다. 햇볕이 나도 그림자를 지울 수 없듯이 그림자도 우리 자아의식의 중요한 반려자가 되어 있다. 재봉틀의 투사를 통해 작자는 삶 앞에서 작아지는 자신을 발견한다. '결핍은 나를 움직이게 하는 동력이다. 옷이 터지거나 해질 때마다 그 부족함을 채우는 바느질이 있으니 끝이 보이지 않는 어두운 터널 속에서도 나는 기운차게 걸어갈 수 있다.'고 말하는 작가는 바느질을 통해 자신의 내면을 볼 수 있었기 때문이다. 바느질은 자기 존재를 스스로의 눈으로 응시하기 위한 수단이 된다. 이 수필은 자기 응시의 경로를 통해 문학적 향취를 풍긴다고 하겠다.

그런데 여기서 중요한 대목은 바느질은 고난이라고 설정한 부분이다. 스스로 힘을 들여 하는 노동이라는 해석이 뒤따른다. 바느질을 '의미 있는 고난'과 연결한 것은 이명순 작가의 탁월한 문학적 재능을 뒷받침한다고 하겠다. 이런 이미지의 결합이 문학적 성과를 거두는 이유는 바느질이라는 결핍을 연상케 하면서 부족한 부분을 채우는 치유를 시도하기 때문이다. 작가는 처음부터 바느질을 통해 큰 사랑을 보고 있었던 것이다. 맵시는 없지만 직접 궁리하면 만드는 과정을 통해 기쁨과 평온함, 완성했을 때의 뿌듯함을 길어 올리고 있다. 재봉틀에 몸을 맡기고 고난이라는 바느질에 자신의 삶을 얹어 놓는다는 것이 결코 쉬운 작업이 아니지 않는가.

"한 친구는 요즘 바느질하느라 바쁘다. 그 친구는 여성회관에 다니며 다음 달에 태어날 손주를 위하여 유기농 배내옷과 완구를 직접 만든다. 거기에 온 사람들은 대부분 임신부인데 태어날 아기를 안전하게 키우기 위하여 바느질을 배운다고 한다. 개인이 노력하는 집 어린이만 안전하게 키울 수 있다면 바쁜 부모들은 어떻게 할까. 귀한 자식을 해로운 것들 속에 내버려 둘 수밖에 없는가. 어떤 음식이라도 마음 편히 먹을 수 있고, 임신부가 눈이 아프도록 바느질을 하지 않아도 안심하고 아이를 키우며 살 수 있는 세상, 그런 세상은 누가 만들까."

- 〈장미의 이름으로〉 중에서 -

    삶은 복잡하다. 그래서 세상은 복잡계다. 인생 터에는 '곳곳에 해로운 물질이 널려 있다.'는 것이 이명순 작가의 생각이다. '갑자기 혀끝이 쓰리고 아프다. 거울에 비춰 보니 혀끝이 팥알만큼 붉게 부풀었다.'는 장면으로 시작되는 〈장미의 이름으로〉의 이 수필은 선과 악이 공존하는 인생의 장을 치열한 생존경쟁이 존재하고 있는 안심하고 살 수 없는 세상으로 묘사하고 있다. 금서에 독을 발라 놓아 그것을 읽은 사람을 죽게 했던 책, '장미의 이름으로'는 어떤 이야기들이 전개될 것인가를 암시하는 기능을 잘 수행하고 있다. 사실을 수필의 발단에 깔아, 긴장감을 극대화해 놓고, 작가는 이렇듯 생태계나 자연의 순환에도 명암이 엄연히 존재함을 말한다. 이 수필의 요지는 '입을 것, 먹을 것, 사는 집, 탈 것, 생활용품 등 어느 것도 믿고 쓸 만한 것이 없다'는 것을 받아들여야 한다는 것이다. 이런 논리는 '한 친구는 요즘 바느질하느라 바쁘다. 그 친구는 여성회관에 다니며 다음 달에 태어날 손주를 위하여 유기농 배내옷과 완구를 직접 만든다.'란 진술에 고스란히 드러난다. 구체적 예시에 힘입은 정서의 객관화가 문학성을 한층 더해 준다. 문학이 독자의 감동을 목적으로 한다는 본질을 생각할 때 이와 같은 간접화는 필수적이며 또 연상으로 복잡한 내면의 심상을 표현하기 위해서는 감각적 접근과 함께 다양한 비유의 구사도 필요할 것이다. 수필이 어떻게 사실의 세계에 충실하면서도 이를 초월한 상상의 예술 세계를 이런 기법으로 구축해 나갈 수 있는지를 보여줄 수 있는 뛰어난 작품의 하나가 바로 〈장미의 이름으로〉라고 하겠다.

"태평양의 아름다운 바닷가에서 앤디와 다시 만나 포옹하는 레드의 모습을 보며 몇 년 전에 갔던 멕시코 휴양지 칸쿤을 떠올렸다. 하얀 모래밭이 끝없이 펼쳐져 있고 코발트빛 바닷물이 찰랑대던 카리브해, 수많은 난관을 극복하고 지와타네호에서 그가 다시 찾은 자유는 카리브해의 그 바닷물 색깔과 닮지 않았을까."

— 〈날고 싶은 새〉 중에서 —

이 작품에서 결말이 주는 묘미는 '하얀 모래밭이 끝없이 펼쳐져 있고 코발트빛 바닷물이 찰랑대던 카리브해, 수많은 난관을 극복하고 지와타네호에서 그가 다시 찾은 자유는 카리브해의 그 바닷물 색깔과 닮지 않았을까.'라는 자기 체험적 삶의 용해에 있다. 감옥과 바깥세상이 교차되면서 두려움을 가지고 사는 인생살이의 명암을 작가는 영화 '쇼생크 탈출'로 잘 나타내고 있다. 우리는 여기서 물화된 보조관념을 통해 작가가 숨긴 이면적 상징물에 도달함으로써 작품을 미학적으로 이해하게 된다. 문학은 빠르고 정확한 의미 전달만이 아니라 그 전달의 효율성을 따지기 때문이다. 얼마만큼 감동적이냐가 성패를 가르며 그래서 수사적 장치가 필요하다. 만일 감동이 없다면 문학이 아니다. 그런데 설명적인 글은 감흥을 주지 않는다. 수동적으로 받아들이기만 한다면 아무런 흥미 유발이 안 되기 때문이다. 독자에게도 역할이 주어져야 한다. 독자의 입장에서 작품을 음미하고, 문장을 소화하며 작품을 완성시켜 나간다면 더욱 좋다. '다시 찾은 자유'에 대응되는 '카브리해 바닷물 색깔'이 주는 미적 사유 과정의 연상과 상상은 문학이 보물찾기이며 낯설게 하기의 보고임을 증명해 준다고 하겠다.

이 수필의 또 다른 강점은 구조적 측면에서 볼 때, 질서정연한 체계를 이루고 있다는 것이다. 작가는 일반화된 삶에서 두려워 포기하는 삶과 견디며 노력하는 사람의 이야기를 하고, 그 다음에 남쪽으로 차를 달리는 엔디의 모습을 통해 '희망'이란 개념을 떠올린다. 그러고 나서 다시 병원에 입원한 이웃 아주머니에게 던졌던 "아주머니, 어서 나으셔서 같이 산책해요."라는 말로 효과를 봤다는 체험의 제시는 희망으로 향하는 점층적, 단계적 접근법이다. 이 수필은 수필이

붓 가는 대로 쓰는 글이 아니라는 것을 증명한다. 철저한 전략으로 쓰여졌기 때문이다. 이는 작가 자신의 체취를 느끼며 수필의 매력에 빠지는 독자를 배려하겠다는 작가의 의도로 보인다. 이런 일반화에서 구체화로, 구체화에서 일반화로 개념 이동이 질서정연한 것은 이 수필이 가진 여러 장점 중에서 가장 빛난다.

그녀는 외국 여행에서 얻은 지혜를 수필 속에 흩뿌리고 있다. 산다는 것은 떠나는 것이다. 떠남으로 얻은 생생한 느낌은 기행수필이란 이름으로 또 다른 수필의 맛을 전해 준다. 〈잣대〉는 인도 여행을 통해 내면의 아름다움에 대한 가치를 다지는 글이고, 〈빛과 그림자〉는 쿠바 여행의 공포를 겪고 나서 어떤 삶을 살아야 하는지를 알게 되었다는 내용이다. 〈미얀마 아가씨〉는 싱가포르 여행기이고, 〈땅을 밟는다〉는 페루, 〈과도 한 자루〉는 영국 여행기다. 〈삼동서〉는 싱가포르가 배경이다. 그녀의 기행수필은 처음부터 끝까지 한 문장, 한 문장이 삶의 진통과 창작의 고뇌 속에서 태어난다. 언어를 부리는 탁월한 역량이 그녀의 수필적 가치를 드높인다. 문장은 수필의 생명이다. 롤랑바르트의 말대로, 그녀는 말이라는 재료를 가지고 어떤 언어적 물질을 만들어 내는 거인인 셈이다. 살아가면서 해외에 나가 다양한 문물과 사람을 만난다는 것, 그것은 얼마나 기쁘고 설레는 일인가. 만남이라는 것은 이 세상에서의 인연이 시작되는 것이며 그로 인해 우리의 새로운 운명이 직조됨을 의미한다. 인간적인 삶의 길을 찾는 그녀의 현자적 모습이 성스럽다. 삶의 문학이자, 인간학인 수필은 화해해결구도를 통해 독자들이 타인과 화해하고 세상과도 화해를 해야 한다는 것을 보여 준다는 측면에서 여행과 관련이 깊다.

우리말 달인 프로그램 출연자답게, 이명순 수필의 가장 강한 특징은 유려함이다. 존재의 집으로서 언어의 바름을 최대한 활용함으로써 그녀는 문장미학과 작품성을 동시에 구축한다. 그녀는 참신한 발상과 비유를 무엇보다도 중요시한다. 특히 주제의식의 상상화를 돕는 발단부 묘사는 매우 안정적이다. 발단부에 전개예고 기능을 중시하는 작가의 인식은 수필 감상의 흥미를 더한다. 무엇보다도 이명순 수필을 읽는 매력은 날카로운 관찰을 통한 깊은 명상의 세계를 보여 주고 있다는 데 있다. 오감을 이용하여 진리를 찾고, 그것을 현실의 삶에 투사시켜 내는 작가의 저력으로 그녀의 작품은 예술적인 향기를 풍긴다고 하겠다. 즉 우리는 물화된 보조관념을 통해 작자가 숨긴 이면적 상징물에 도달함으로써 작품을 미학적으로 이해하게 된다. 이명순 수필은 이런 형태를 따른다. 문학은 빠르고 정확한 의미 전달만이 아니라 그 전달의 효율성을 따진다는 것이다. 얼마만큼 감동적이냐가 성패를 가르며 그래서 수사적 장치가 필요하다. 만일 감동이 없다면 문학이 아니다. 수동적으로 받아들이기만 한다면 아무런 흥미 유발이 안 되기 때문이다. 독자에게도 역할이 주어져 있다. 존재의 의미를 찾아 끊임없이 사색하는 작가의 내면을 따라가 보는 재미가 솔솔하지 않는가.

III. 로그아웃

이명순 수필은 다양한 물 빛깔을 가지고 있다. 이명순 수필들은 맑고 잔잔한 샘물에 비유될 수 있을 정도다. 수필 속에는 잔잔한 감동이 있고, 포근하게 느껴지는 정감이 있다. 깊은 깨달음의 경지가 느껴질 뿐만 아니라 수수하면서도 소박하고, 은근하면서도 조용하고 은은한 향취가 풍겨나고 삶의 진솔한 모습이 꾸밈없이 담겨 있다. 그녀는 깊은 의식과 상념으로 감성을 체계적으로 정리 압축하고, 다양한 시각과 풍부한 상상력으로 인간과 삶을 예리하게 살피고 있다. 이는 평소에 영혼과 마음을 늘상 갈고 닦은 까닭이다. 이명순의 수필의 특성을 분석 판단해 보면, 다음과 같은 결론에 도달한다. 첫째 승화된 주제의 설정으로 수필의 품격을 높였고, 둘째 인상적인 구성과 서정적 묘사로 맛을 내고, 셋째 개성적이며 고백적 정신이 진정성과 건강함을 보여 주며, 넷째 함축성과 오묘한 여운이 내재된 수필 세계로 문학성을 드높인다. 풍부한 감성과 지혜를 수필의 주제와 목적에 맞게 집중해서 더 좋은 수필이 되었다는 점도 덧붙인다.

들뢰즈에 따르면, 존재의 사유를 하는 사람과 되기의 사유를 하는 사람은 근본적으로 다른 세계를 살아간다. 자신이 수필가이기 때문에 수필을 쓰는 사람과 수필을 씀으로써 수필가가 되는 사람은 다르다. 이명순은 수필가이기 때문에 수필을 쓰는 것이 아니다. 오히려 수필을 씀으로써 수필가가 되고자 하는 사람 중의 하나다. 수필을 씀으로써 자기를 위무하고, 나아가 수필을 통해 인간과 사회를 구원하려는 실천적인 자세로 인해 그녀의 수필은 생명력을 지니는 것이다. 루카치의 말대로, 문학이 총체적 인간의 진실을 담아내지 못하는 우울한 시대에 우리는 살고 있다. 그러므로 문학보다 깊은 철학적 사유와 창조적 사상 속에 생명의 참된 의미와 문학예술이 존재하고 있다는 것을 수필을 통해 우리는 보여 주어야 한다. 자신에게 주어진 제도적 기호체계를 아무 생각 없이 받아들이고 그것에 순응하는 수필가는 본격수필가의 세계관을 결코 이해할 수 없다. 이런 사람은 수필이 문학이라는 것은 이해할 수 있어도 수필이 예술의 차원으로 나아갈 수 있다는 것을 결코 이해할 수 없을 것이다. 이런 차원에서 평자가 제시하려고 하는 위대한 작가 대열에 작가 이명순의 명패가 놓여 있게 되리라 믿는다.

이명순 수필집
장미의 이름으로

지은이 · 이명순
펴낸이 · 이종기
펴낸 곳 · 세종문화사
편집 주간 · 김영희

주소 · (03740)
　　　서울 서대문구 통일로 107-39, 223호
　　　E-mail : eds@kbnews.net
등록 · 1974년 2월 10일 제9-38호
전화 · (02)363-3345
팩스 · (02)363-9990

제1판 1쇄 발행 · 2019년 12월 13일

ISBN 978-89-7424-155-1　03810

값 15,000원

이 도서의 국립중앙도서관 출판예정도서목록(CIP)은
서지정보유통지원시스템 홈페이지(http://seoji.nl.go.kr)와
국가자료종합목록 구축시스템(http://kolis-net.nl.go.kr)에서
이용하실 수 있습니다. (CIP제어번호 : CIP2019050252)